小时候

琦君散文精品集

琦君——著

长江出版传媒 | 长江文艺出版社

图书在版编目（CIP）数据

小时候 / 琦君著. -- 武汉 : 长江文艺出版社,
2020.9
（琦君散文精品集）
ISBN 978-7-5702-1368-9

Ⅰ. ①小… Ⅱ. ①琦… Ⅲ. ①散文集－中国－当代
Ⅳ.①I267

中国版本图书馆 CIP 数据核字(2019)第 252535 号

责任编辑：张远林　　　　责任校对：毛　娟
封面设计：壹诺　　　　责任印制：邱　莉　　杨　帆

出版：长江出版传媒　长江文艺出版社
地址：武汉市雄楚大街 268 号　　邮编：430070
发行：长江文艺出版社
http://www.cjlap.com
印刷：湖北新华印务有限公司

开本：880 毫米×1240 毫米　1/32　　印张：8.375　　插页：4 页
版次：2020 年 9 月第 1 版　　2020 年 9 月第 1 次印刷
字数：124 千字

定价：32.00 元

目　录

第一辑

童趣：金盒子

我双膝跪在软绵绵的蒲团上，眼睛注视着香炉里升起的袅袅青烟，想着每天清早随妈妈并排儿跪着念经拜佛时，妈妈一脸的虔诚，使我有一份说不出的安全感。

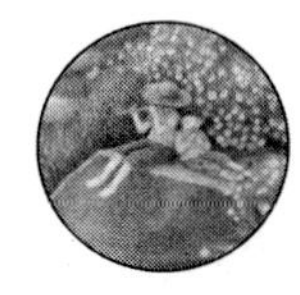

母亲的书

母亲在忙完一天的煮饭，洗衣，喂猪、鸡、鸭之后，就会喊着我说：“小春呀，去把妈的书拿来。”我就会问：“哪本书呀？”

“那本橡皮纸的。”

我就知道妈妈今儿晚上心里高兴，要在书房里陪伴我，就着一盏菜油灯光，给爸爸绣拖鞋面了。

橡皮纸的书上没有一个字，实在是一本“无字天书”。里面夹的是红红绿绿彩色缤纷的丝线，白纸剪的朵朵花样。还有外婆给母亲绣的一双水绿缎子鞋面，没有做成鞋子，母亲就这么一直夹在书里，夹了将近十年。外婆早过世了，水绿缎子上绣的樱桃仍旧鲜红得可以摘来吃似的。一对小小的喜鹊，一只张着嘴，一只合着嘴，母亲告诉过我，那只张着嘴的是公的，合着嘴的是母的。喜鹊也跟人一样，男女性格有别。母亲每回翻开书，总先翻到夹得最最厚的这一页。对着一双喜鹊端详老半天，嘴角似笑非笑，眼神定定的，像在专心欣赏，又像在想什么心事。然后再翻到另一页，用心地选出丝线，绣起花来。好像这双鞋面上的喜鹊樱桃，是母亲永久的样本，她心里什么图案和颜色，都仿佛从这上面变化出来的。

母亲为什么叫这本书为橡皮纸书呢？是因为书页的纸张又厚又硬，橡树皮的颜色，也不知是什么材料做的，非常的坚韧，再怎么翻也不会撕破，又可以防潮湿。母亲就给它一个新式的名称——橡皮纸。其实是一种非常古老的纸，是太外婆亲手裁订起来给外婆，外婆再传给母亲的。书页是双层对折，中间的夹层里，有时会夹着母亲心中的至宝，那就是父亲从北平的来信，这才是“无字天书”中真正的“书”了。母亲当着我，从不抽出来重读，直到花儿绣累了，菜油灯花也微弱了，我背《论语》《孟子》背得伏在书桌上睡着了，她就会悄悄地抽出信来，和父亲隔着千山万水，低诉知心话。

还有一本母亲喜爱的书，也是我记忆中非常深刻的，那就是触目惊心的《十殿阎王》。粗糙的黄标纸上，印着简单的图画。是阴间十座阎王殿里，面目狰狞的阎王，牛头马面，以及形形色色的鬼魂。依着他们在世为人的善恶，接受不同的奖赏与惩罚。惩罚的方式最恐怖，有上尖刀山，落油锅，被猛兽追扑等等。然后从一个圆圆的轮回中转出来，有升为大官或大富翁的，有变为乞丐的，也有降为猪狗、鸡鸭、蚊蝇的。母亲对这些图画好像百看不厌，有时指着它对我说："阴间与阳间的隔离，就只在一口气。活着还有这口气，就要做好人，行好事。"母亲常爱说的一句话是："不要扯谎，小心拔舌耕犁啊。"《拔舌耕犁》也是这本书里的一幅图画，画着一个披头散发女鬼，舌头被拉出来，刺一个窟窿，套着犁头由牛拉着耕田，是对说谎者最重的惩罚。所以她常拿来警告人。外公说十殿阎王是人心里想出来的，所以天堂与地狱都在人心中。但因果报应是一定有的，佛经上说得明明白白的啰。

母亲生活中离不了手的另一本书是黄历。她在床头小几抽屉里，厨房碗橱抽屉里，都各放一本，随时取出来翻查，看今天是什么样的日子。日子的好坏，对母亲来说是太重要了。她万事细心，什么事都要图个吉利。买猪崽，修理牛栏猪栓，插秧、割稻都要拣好日子。腊月里做酒、蒸糕更不用说了。只有母鸡孵出一窝小鸡来，由不得她拣在哪一天，但她也要看一下黄历。如果逢上大吉大利的好日子，她就好高兴，想着这一窝鸡就会一帆风顺地长大，如果不巧是个不太好的日子，她就会叫我格外当心走路，别踩到小鸡，在天井里要提防老鹰攫去。有一次，一只大老鹰飞扑下来，母亲放下锅铲，奔出来赶老鹰，还是被叼走了一只小鸡。母亲跑得太急，一不小心，脚踩着一只小鸡，把它的小翅膀踩断了。小鸡叫得好凄惨，母鸡在我们身边团团转，咯咯咯的悲鸣。母亲身子一歪，还差点摔了一跤。我扶她坐在长凳上，她手掌心里捧着受伤的小鸡，又后悔不该踩到它，又心痛被老鹰衔走的小鸡，眼泪一直地流，我也要哭了。因为小鸡身上全是血，那情形实在悲惨。外公赶忙倒点麻油，抹在它的伤口，可怜的小鸡，叫声越来越微弱，终于停止了。母亲边抹眼泪边念往生咒。外公说："这样也好，六道轮回，这只小鸡已经又转过一道，孽也早一点偿清，可以早点转世为人了。"我又想起《十殿阎王》里那张图画，小小心灵里，忽然感觉到人生一切不能自主的悲哀。

黄历上一年二十四个节日，母亲背得滚瓜烂熟。每次翻开黄历，要查眼前这个节日在哪一天，她总是从头念起，一直念到当月的那个节日为止。我也跟着背："正月立春、雨水，二月惊蛰、春分，三月清明、谷雨……"但每回念到八月的白露、秋分时，不知为什么，心里总有一丝凄凄凉凉的感觉。小小年纪，就兴起"一年容易又秋风"的慨叹。也许是因为八月里有个中秋节，诗里面形容中秋节月亮的句子那么多。中秋节是应当全家团圆的，而一年盼一年，父亲和大哥总是在北平迟迟不归。还有老师教过我诗经里的《蒹葭》篇："蒹葭苍苍，白露为霜，所谓伊人，在水一旁。溯回从之，道阻且长，溯游从之，宛在水中央。"我当时觉得"宛在水中央"不大懂，而且有点滑稽。最喜欢的是头两句。"白露为霜"使我联想起"鬓边霜"，老师教过我那是比喻白发。我时常抬头看一下母亲的额角，是否已有"鬓边霜"了。

母亲当然还有其他好多书，像《花名宝卷》《本草纲目》《绘图列女传》《心经》《弥陀经》等的经书。她最最恭敬的当然是佛经。每天点了香烛，跪在蒲团上念经。一页一页地翻过去，有时一卷都念完了，也没看她翻，原来她早已会背了。我坐在经堂左角的书桌边，专心致志地听她念经，音调忽高忽低，忽慢忽快，却是每一个字念得清清楚楚，正正确确。看她闭目凝神的那份虔诚，我也静静地坐着一动不动。念完最后一卷经，她还要再念一段像结语那样的几句。最末两句是“四十八愿度众生，九品咸令登彼岸”。念完这两句，母亲宁静的脸上浮起微笑，仿佛已经度了众生，登了彼岸了。我望着烛光摇曳，炉烟缭绕，觉得母女二人在空荡荡的经堂里，总有点冷冷清清。

《本草纲目》是母亲做学问的书，那里面那么多木字旁、草字头的字，母亲实在也认不得几个。但她总把它端端正正摆在床头几上，偶然翻一阵，说来也头头是道。其实都是外公这位山乡郎中口头传授给她的，母亲只知道出典都在这本书里就是了。

母亲没有正式认过字，读过书，但在我心中，她却是博古通今的。

妈妈，我跌跤了！

〇〇〇

小时候，我是个胖嘟嘟的笨娃儿，走路摇摇晃晃，一不小心就跌跤。有一次，跨厨房门槛时跌倒了，我生气地躺在地上不起来，尖起喉咙喊："妈妈，我跌跤了。"谁知妈妈竟连看也不看我一眼，只顾拿着锅铲炒菜。我越生气越大声地喊："妈妈，你没有看见我跌跤了吗？"妈妈转过脸来，慢吞吞地说："跌跤了就爬起来嘛。"我说："我膝盖好疼啊！"妈妈笑了，越发慢条斯理地说："你膝盖是豆腐做的呀？"我说："门槛太高，把我绊倒了，膝盖都碰紫了呀。"妈妈不说话了，也不走过来扶我。在灶下添柴烧火的五叔婆说："对呀，门槛太高，是门槛不好，把你绊倒了，快用拳头捶门槛吧。”我握住小拳头，正要捶门槛，妈妈放下锅铲，走过来大声地说：“起来，是你自己不小心跌跤的，怎么怨门槛。再赖着不起来，我就要打你了。”我吓得一骨碌爬起来，噘着嘴，想哭又不敢哭。但也并不向五叔婆身边跑，因为都是她叫我捶门槛，惹妈妈生气的。

我站在门边，半天不敢往妈妈身边跑。妈妈已炒完菜，坐在长板凳上，似笑非笑地看着我。我这才一步步挨上前去。她把我拉到怀里，慢声细气地说：“走路要小心，做什么事都要小心。做错了就想想看，是怎么错的。不要怨别人。”我抽抽噎噎地说：“我是想过了，是门槛太高，把我绊倒的呀。”妈妈笑嘻嘻地说：“门槛是高了点儿，但你天天在跨进跨出，今天又不是第一次。跨高门槛，脚要高点儿，就不会绊倒啦！绊倒了也就自己爬起来嘛。你这样躺在地上喊妈妈，不是耍赖吗？妈妈不喜欢你这样。”

我呆呆地听着，眼睛一直盯着妈妈看。看她脸上已一点生气的样子都没有了，我才抹着眼泪说：“妈妈，我下回不耍赖了，跌跤了就爬起来，我要小心走路。阿荣伯伯说的，小姑娘脸上跌破了有个疤，就是破相。”我还没说完呢，五叔婆马上接着说：“对呀，破了相的姑娘，长大了有谁要呀！”我好生气，跺着脚喊："五叔婆，我不要你管。"我又抽抽噎噎地哭起来，为什么五叔婆要这样对我冷一句热一句的呢？

妈妈一声不响，只把我紧紧抱在怀里。用暖烘烘的手，抹去我的眼泪，好久好久，她才附在我耳边轻声地说："听妈妈话，不要哭。五叔婆是很疼你的呀。"

我仰脸看见妈妈眼中也满是泪水，才赶紧忍住不再哭了。我不愿妈妈为我伤心。阿荣伯伯说的："母女连心。女儿哭，妈妈心疼。女儿不乖，妈妈心碎。"我紧紧抱住妈妈喊："妈妈，我乖了，你不要哭啊？"

五叔婆愣愣地看着我们半天，忽然叹口气说："看你娘儿俩多亲呢！我就没哪个喊一声娘，劝我别生气、别哭。"

我听了好难过，才知道五叔婆没有儿女在身边，很孤单，很苦。我也越发感到妈妈搂着我的温暖和幸福。

晚上临睡时，妈妈柔声对我说："小春，以后记得不要再惹五叔婆生气。长辈们都是心事重重的啊！"

看妈妈眼中汪着泪水，我好像一下子明白了，妈妈也是心事重重的人。我以后再也不顽皮、不耍赖，免得妈妈为我太操心，才是孝顺女儿啊！

“哈背牛年”

○
○
○

小时候在乡间，有一年正月初一，我的阿庵小叔，提了个大红纸包，来给我母亲拜年。高声喊道：“大嫂，哈背牛年。”母亲立刻说：“大年初一的，讲吉利话啊，什么哈背哈背的？”小叔说：“这是番人话（英文）呀。天主堂的白姑娘教我的。‘哈背’就是快乐的意思。‘牛年’就是新年。‘哈背牛年’就是快乐新年。正好今年是牛年，您说多巧啊？”母亲高兴地说：“白姑娘也教过我几个番人字，我记得‘牛’叫作‘靠’，怎么轮到牛年，中国话和番人话会是一样的声音呢？”教我读书的老师听得哈哈大笑起来说：“就是这般巧嘛。牛年真是快乐的一年。我们农家春耕犁田，秋收驮运，都要靠牛，牛是我们最最忠心、最最勤劳的朋友。大嫂，牛一年辛苦，您要倒杯春酒给它喝下去补一补哟!”阿荣伯伯马上接口说：“是啊，还要打个鸡蛋在里面，给它过新年呢。”

我在一边听得好乐，就“哈背牛年，哈背牛年”的连声念着，一蹦一跳地到天主堂找白姑娘讲番人话去了。

我的老师是个有新脑筋的人物，他从城里买来一支温度计，挂在走廊柱子上。母亲走过来、走过去，总要眯起近视眼贴上去看半天，嘴里念着：“顺（右）手边这个上下的下字叫作‘阿福’（F），只（左）手边那个钩钩叫作‘阿西’（c），当中这条灯草心似的，看也看不清楚。这一横一横的是多少度呀?”我说：“妈妈，那个钩钩念‘西’，不是‘阿西’。”阿荣伯伯大笑说：“不要去看那些番人字，阿伯伯（阿拉伯）字的风水表(寒暑表）哪有什么用?我们种田人，抬头看天色，低头看日脚，竖起耳朵听风向，扳起手指头算算，几时会晴，几时会落雨，几时会冷，几时会热，算得一分一厘都不会差。”母亲就念起来了：“正月正，雨雪夹霜冰，二月二，菜子田里抽条儿，三月三，棉袄脱掉了换单衫。”

我最最担心的是正月里没完没了的“雨雪夹霜冰”。因为天气不好，母亲就不让我穿崭新的花棉袄到处拜年讨红包了。老师从十二月二十四夜送灶神那天开始，到正月初八迎佛提灯，放我半个月的春节年假。如果腊月冬至那天落雨，通晓“天文地理”的外公就预言啦：“要烂冬啰！年底不会有好天色啰！”母亲又喃喃地念起来：“雨夹雪，落到明年二三月。”我愁得要命，天天一大早点根香在天井里拜三拜，念三遍《太阳经》，保佑正月初一是个大晴天。

《太阳经》若是灵验，初一是个大晴天呢，母亲就要去庙里点佛灯，兜“喜神方”啦！由外公翻开黄历，看由哪个方向出门最吉利，照着指示，由大门出去，兜一个元宝圈，从后门回来。若是《太阳经》不灵，落雨呢？母亲只好在自己佛堂里烧香念经，拜祖先。我的新花棉袄也不能出风头了。

年初一不拿扫把，不拿厨刀，因为它们也辛苦了一年，要休息休息。初一也不用煮饭，大年夜已经煮了满满一大锅，富富足足的金银财宝都有了。母亲难得有这样的清闲，中饭以后就开始一年一度的消遣——搓铜板麻将！她同外公、阿荣伯伯，还有一位推窗眼（斜眼）三叔四个人搓，叮叮当当的铜板数过来数过去，账算得好认真啊。推窗眼三叔坐在母亲或外公上家时，我就生怕他眼睛斜过来看见他们的牌，总在桌子角边转来转去挡着。他们都嫌我，哪个输了钱都怪我，但哪个和了牌我都要伸手讨一大枚。最开心的是听母亲兴奋地喊："我和、和。中发白三台啊、三台啊！"（那时大三元才只算三番呢）我就进账三大枚。口袋里铜板塞满了，只等不落雨了就上街买万花筒焰火和花纸气球。我胆子小，不敢点焰火，万花筒捏在别人手里，我只能远远站着。看花纸气球吹足了气，和小朋友比赛谁拍得多就赢钱。为了想他们多陪我玩一下，我就故意输给他们，反正我的铜板多多。压岁钱也不像他们只有银角子，还有外公给我的一块圆滚滚、亮晃晃的银洋钱呢。

初二不管天晴落雨，我都要代表母亲出去给长辈拜年。由阿荣伯伯提着满篮的红纸篷包。那是用一种极粗的草纸包成斧头形，外面加一层红纸，上面贴着商店招牌，用红油麻绳扎得有棱有角，里面是红枣、莲子、冰糖、桂圆等不同的东西。大家都说潘宅的纸篷包货色最真。但有一次，母亲无意中打开一包，想拿里面的红枣来煮，却发现有一半是小圆卵石，就知道是顽皮小叔叔干的好事。所以纸篷包都要收在橱里，免得被他偷天换日。我跟着阿荣伯伯挨家拜年，挨家吃点心。点心多半是鸡蛋煮米粉，我一点也不喜欢，我想吃的是桂圆红枣莲子汤，只一位表公家才有。阿荣伯伯一跨进大门就喊："鸡蛋不要打开，放在篮子里给我带回去，这是元宝啊。”于是我提了满篮的鸡蛋、大橘、松糖长生果，塞了满荷包的压岁钱回来了。小叔每回都半路把我截住，拿两块洋钱换我的角子，大把的角子，我数也数不清，就统统给了他，他说推牌九用银角子，赢了再分给我。但过不了一天，不但没分给我，反而把我的银洋钱也拿去了，说是先借一下，却总不还我。我不敢让母亲知道，只偷偷告诉外公，外公呵呵大笑说：“哎呀，你的洋钱给小叔打水漂了，还会有影呀？”

我明明知道小叔会骗我的压岁钱，但我对金钱没有什么概念，我就是交定了小叔这个朋友。因为他肚子里有才，故事笑话多，带做带比的，听不厌也看不厌。就连母亲都是睁只眼闭只眼，由他要点小花样，占点小便宜。

我们这个大村庄有三个乡，我们是瞿溪，还有郭溪、云溪，称为三条溪，都是非常富庶的。正月初七、初八两天迎神提灯的大节日，三个县各显排场，竞争得很激烈。舞龙的龙身节数愈来愈多，愈来愈长，做龙被的钱都是由乡长向地方募捐来，或是富户还愿所捐，向城里定制，银光闪闪，舞起来真是好看。舞龙的后生儿（壮汉）早一个月前就在天天练习穿花舞了。舞龙之外，还有“马盗”，七匹为一组，马是向城里租来的，黑白灰棕的都有，财力足的甚至租两组，十四匹，好神气啊。扮马盗的有两种人，一种是地方上有钱人家的独生子，一生下来，父母就在神前许了愿，无灾无难地长大了，就来扮马盗迎神还愿。另一种呢？却是穷家孩子，甚至是要饭的叫花子，扮一次马盗给几升米。但无论贫富子弟，都是全身披挂、画了脸谱、提着刀枪的英雄人物，坐在马背上，揽辔缓缓前进。在管乐锣鼓声中，在灯笼火把的照耀下，一个个英姿勃发，能分得清谁是谁呢？可是爱管闲事的五叔婆总要指指点点地喊着："这个黑白脸的张飞是讨饭的阿发，那个红脸关公是林宅大郎儿。"母亲轻声阻止她说："叔婆呀，您别这样喊喊叫叫的啦，穷人富人都是娘生娘养的，有哪一点不一样呀？"老师站在旁边，就对我念起来："这叫作将相本无种，男儿当自强啊！"

舞龙与"马盗"迎神提灯在初七、初八晚上，白天与夜晚还有演戏。戏班子都是城里请来的顶呱呱的好班子。有京班、绍兴班、乱弹班、昆班。郭溪读书人多，常常请昆班或京班，云溪和我们瞿溪请乱弹与绍兴戏比较多。母亲听不懂京戏与昆腔，说"咿咿唔唔唱了半天也不知说什么"，她也不喜欢看舞打戏说："张飞杀岳飞，杀得满天飞，有什么好看？"她喜欢有情有义、有落难有团圆的绍兴戏。她看了方玉娘祭塔，回来就边烧饭边哼："上宝塔来第一层，打开了一扇窗来一扇门，点起了一炷清香一盏灯，礼拜那南海慈航观世音，保佑保佑多保佑，保佑我夫文子敬……"我说："保佑我蚊子叮呀……"母亲轻轻敲了我一下头，我缩缩脖子，又跑去跟外公到老远的郭溪看京戏去啰！

外公会唱一百零一出空城计，是小叔教的。因此他觉得自己是懂京戏的。但是他把"人马乱纷纷"唱作"那么落纷纷"，小叔纠正他也学不会。那时京戏最好的班子是"大三庆"，据说道白和唱词咬音很准。我家有个马弁随父亲回乡来，叫胡云高，是北方人，他只要听懂台上的道白就拍手叫好。小叔就学着戏白问他："胡云高，请问你家据（住）哪里，狗姓达（大）名。"把他气得胡子翘。

因为"大三庆"班子最好，因此"三庆"成了乡下人赞美一切的口头禅。无论什么东西，只要夸好就喊"三庆"。有一次庙戏恰巧是三庆班，外公看得高兴起来，就举手喊"三庆"，台下的人都笑了。三庆的演员也好高兴，特别向外公舞个魁星致敬。

阿荣伯伯对京戏、绍兴戏都不大有兴趣，他最喜欢的是推牌九和压花会。嘴里天天哼着"正月时节是新春，银玉打扮坐楼中，头戴明珠花一朵，手抱云生看花灯……”就去佛殿里压花会去了。

初七、初八两天的迎灯演戏结束以后，春节渐渐落幕了，半个月的年假一眨眼已过完，我又得皱起眉头回到“书房”里，念那没完没了的“诗云子曰”。只有眼巴巴盼待七天后的元宵灯节，再有一番短暂的热闹了。

原载一九八五年二月二十二日

《中国时报》“人间”副刊

妈妈炒的酸咸菜

○
○
○

小时候，每顿吃饭时，我一爬上凳子就夹一筷子的酸咸菜，放在嘴里嚼，胃口马上大开啦。

妈妈炒的酸咸菜，味道和别家的就是不一样。因为她加了豆瓣、小虾、糖、醋，再浇上麻油。我最爱吃里面的小虾。

外公说海蜇没有眼睛，全靠成千上万的小虾，密密麻麻趴在它身上，替它指路认方向，互相合作，多么难得呀！妈妈听了就不忍心吃小虾，只给自己拌一碟素咸菜。贪心的我，吃了她特地给我做的虾炒咸菜，还要抢她的素咸菜吃。

外公总怨妈妈把我宠坏了，妈妈却笑嘻嘻地说：“我小时候，您不也这样宠我的吗？”

外公摸着胡子呵呵地笑了。我呢？更得其所哉地大吃特吃起来。

炒咸菜是妈妈的拿手菜，但是腌咸菜却是长工伯伯每年年终辛苦的工作。妈妈把一株株晒干的芥菜整理得干干净净，由长工放进大缸，加入大把大把的盐，再跳进缸里用双脚使力地踩。

我在旁边喊：“脚好脏啊！”

妈妈走过来，一把捂住我的嘴说：“不许乱讲，这样宝贝的菜，怎么会脏？”

长工更得意地说：“我们种田人，一双脚天天冲水，晒太阳，怎么会脏？你这千金小姐，双脚紧紧包在袜子里不透气，才脏呢。”

妈妈听他们这样说，赶紧走开了。因为她是一双小脚放大的，听了心里好难过。我也很后悔，不应该引得长工伯伯说那样的话，害妈妈不好意思。

好心的妈妈生怕长工不高兴，又连忙对我说：“长工伯伯踩咸菜，脚被盐水泡得好痛，你不要在旁边乱说话，要多体谅大人做事的辛苦。”我听了，竟然忍不住哭起来了。

我尽管嫌咸菜用脚踩得很脏，但是吃起来却那么津津有味；因为妈妈的菜，调味实在高明。她平时很俭省，但是烧菜给大家吃，却绝对不省油和作料。为了要大家吃得高兴，她还说：“麻油是清肠胃的，酸咸菜淋了香香的麻油，是‘咬食’的。”

我最最喜欢听她说“咬食”这两个字，那意思是说“帮助消化”，把吃下的饭菜都咬得碎碎的。那是在山乡的外婆说的土话。妈妈因为外婆过世得早，心中格外思念外婆，所以总喜欢做外婆教她的土菜，学外婆老人家爱说的土话。她满腔的思亲之情，岂是年幼的我所能领会的呢？

长大以后，离开妈妈，离开家乡，路途迢迢地被父亲带往杭州上学。在女生宿舍的食堂里，吃着不对胃口的冷冰冰饭菜，心中思念妈妈，不免想起她特别为我炒的小虾酸咸菜。在临别的千叮万嘱中，她还说：“真恨不得给你带一大缸的酸咸菜去，让你顿顿饭都吃得饱饱的，身体健康，好好求学。”

我忍着眼泪，在心中默祷：“妈妈，您放心吧！酸咸菜的香甜滋味，永远在我心头。有您的爱，我会健康，我会努力求学的。”

妈妈罚我跪

〇
〇
〇

小时候，只要我过分顽皮惹妈妈生气，她就绷起脸说那三个字："去跪下。"我就噔噔噔跑到佛堂前的小蒲团上跪下。那是外公特别用软软的蒲草给我编的，他说那才是真正的蒲团，在佛堂里越跪久越会长大，佛菩萨会保佑我聪明又健康。所以我一点也不怕妈妈罚我跪。

有一天，我因为偷吃了一块妈妈刚刚做好供佛的红豆枣泥糕，不等她开口，我就主动要去佛堂罚跪。妈妈偏说："不要去佛堂，就在厨房里跪。"我知道佛堂里供有一大盘香喷喷热腾腾的枣泥糕，妈妈生怕我再偷吃。其实我就是不吃，跪着闻闻那香味也是好的。可是妈妈令出如山，我若是不听话，连中午特别为我蒸的新鲜黄鱼中段也不给我吃了。我只好扮出一副苦脸央求：“厨房的地太凉太潮湿，跪久了会得风湿病的。”妈妈想了想，忍住笑说：“那就在厨房里罚站吧。”罚站呀，妈妈又想出新招来了。都是我自己不好，告诉妈妈邻居小朋友王玉在乡村小学念书，背书背不出来，老师罚她对着墙壁站五分钟，因为学校的水门汀地都是灰土，而且女孩子跪着也不好看。王玉对我说时还眉飞色舞，好像觉得男生罚跪，她罚站，高他们一大截的样子呢。妈妈听了还笑眯眯地夸老师处罚得当，夸王玉诚实懂事。现在她也要罚我站，算是让我升级了。我又娇声娇气地说：“王玉是对着墙壁站，我们厨房的墙壁灰土土的，还挂着咸鱼，有一股子腥味，我就对着灶神爷站好吗？”妈妈觉得也有道理，就点点头，这时她已笑眯眯的，一点怒气也没有了。

我毕恭毕敬地站着，却又忍不住问：“妈妈，您小时候，外公外婆罚您跪吗？”妈妈瞪我一眼：“罚站时不许说话。”过了一下，再叹口气说：“你又不是不知道你外婆过世得早，是你外公把我带大的。你去问外公吧，问他有没有罚过我跪，我小时候是不是像你这样不听话。”

外公那时在廊前晒太阳，我马上朝灶神爷拜了三拜说：“我这就去问外公。”就马上溜出厨房，一次严重的罚站就这么结束了。我跑到廊前，扑在外公暖烘烘的怀里喊：“外公，妈妈要罚我跪，后来又改了只罚我站，站得脚板心好疼哟。”外公敲着旱烟筒问：“你做错了什么事呀？”我说：“没做错事，只不过吃了块供佛的红豆枣泥糕。”外公问：“妈妈看见你拿去吃的吗？”我摇摇头，外公说：“不先问妈妈，自己拿来吃就是偷。”我委屈地说：“我肚子好饿，妈妈老是要我等，等供了佛和祖先、等外公和阿荣伯伯都坐上饭桌，再分给我吃。我还小，禁不得饿的呀。”外公呵呵地笑了，把我搂得紧紧地说：“哦，小春还小，小春已经很听话很乖了。”我仰起头，摸着外公的灰白胡须问：“外公，妈妈小时候，您有没有罚她跪呢？”外公摇摇头说：“没有，你妈妈从小就懂事，从不惹我生气。她没你命好，没娘疼她，外婆过世得太早啊。”外公不再说话了，脸上像很忧伤的样子，我就不敢多问了。但我知道，“罚跪”是一种很重的惩罚，罚过跪，一定要牢记心头，不要再犯错。妈妈因为疼我，要我学好，才罚我跪的。

可是运气真不好，那天老师要我背一段《孟子》，我一眼看见他佛堂里供的也是妈妈送过来的红豆枣泥糕，我闻着香味，《孟子》竟结结巴巴地背不齐全了。老师生气地一拍桌子说：

“跪下。”我哭丧着脸说：“早上已经在厨房里被妈妈罚过了。”我没说罚“站”，因为老师佛堂前的蒲团很软很舒服，我宁可“跪”。

老师仍很生气地说：“你妈妈罚你是另一回事，我罚你是因为你书背不出来。”我就乖乖地走到佛堂前，跪在蒲团上。没想到老师又大声地说：“跪在地板上，蒲团是我拜佛跪的。”我说：“老师，我边跪边拜佛好吗？我会念心经、大悲咒，妈妈教我的。”

大概是我那一脸的虔诚，感动了严厉的老师，他沉着脸点点头说：“好吧，你就跪在蒲团上念心经大悲咒，佛会保佑你聪明健康的。”他把佛堂里的一串念佛珠取来挂在我脖子上，我就闭目凝神地念起来，越念越高兴。想想老师尽管对我那么凶巴巴的，心里一定还是很疼我的。不然为什么要菩萨保佑我呢？我双膝跪在软绵绵的蒲团上，眼睛注视着香炉里升起的袅袅青烟，想着每天清早随妈妈并排儿跪着念经拜佛时，妈妈一脸的虔诚，使我有一份说不出的安全感。才知道跪并不是一种惩罚，而是让我静下心来慢慢地想，那就是老师常常教我的“反省”吧……

岁月悠悠逝去，而当年罚跪情景，如在目前。想起慈爱又辛劳的母亲，想起温而厉的老师，领悟到他们对我的罚跪，含有多么深的爱和期望啊！

一九九四年

万花筒

○
○
○

旅游中，在卖纪念品店里看到一个细细长长、银光闪亮的管子，好奇地拿起来一看，原来是万花筒。对着灯光边转边看，五彩缤纷的花朵儿在那一端千变万化。我有点爱不释手，一看价钱竟是四元，太贵了，只好悻悻地放下。上车以后，总是想着那个万花筒。与老伴说：“我怎么会舍不得四元，不把它买回来呢？”他淡然一笑说：“买回来你就会把它丢在抽屉角落里，永不再玩了。万样东西总是失去的比得到的好。你一见钟情的玩意儿太多，买得齐全吗？”

他总是那么哲学家似的把我训了一顿。我只好默无一语，靠在椅背上，晃晃悠悠地，想念我失去的万花筒。

其实我知道自己想念的不是这支万花筒，而是童年时代被家庭教师锁在抽屉里的那一支。

那是大我三岁的堂叔给我做的。他的手最巧，用三条玻璃合成三角形管子，再把彩色玻璃敲碎，装在一端，镶上玻璃片，外面包了马粪纸，再包锡箔纸，用大拇指背刮得晶光闪亮，才教我把眼睛贴在小圆洞口，用手转着看里面的五彩花朵儿。我真是太惊奇、太高兴了，把它捧在手里，抱在胸前，走到东、走到西，一边喊着："哪个要看变戏法？一个铜板看一次。"长工伯伯们只对我咧咧嘴说："只那么个筒筒，变得出什么戏法？"我生气地走开了。

晚上临睡前，我递给母亲看，她对着菜油灯看了半天，高兴地说："真好看哪。"我忽然抱着她说："妈妈，我好想念哥哥，因为他的手更巧，也会做万花筒，叔叔说的。"母亲不作声，眼泪却几乎掉下来了。因为哥哥被父亲带到遥远的北平，而且有病不能回来。

我在书房里跟老师读书时，偷偷地取出万花筒来玩，被老师生气地拿走，锁在抽屉里，竟一直都不还给我。我伤心地对叔叔说："我不想读书，也不想玩万花筒了，觉得做人好苦啊，一点都不自由。”叔叔对我说：“小老太婆，怎么会这样想法？你看万花筒里不过几粒玻璃末，会变出这许多花朵儿来。你的手一转，要它变就变，我觉得做人有意思得很呢。”

叔叔的那几句话，我一直到长大后都记得。人生原是千变万化，看是由不得自己做主，但万花筒原是握在你自己手中啊！

旅游车在另一站停下来，我不再记得那支失去的万花筒了。因为迎面而来的，又是一番新景象。

人生原是多彩多姿的万花筒啊。

爸爸教我们读诗

爸爸是个军人。幼年时，每回看他穿着笔挺的军装，腰佩银光闪闪的指挥刀，踩着“喀嚓、喀嚓”的马靴，威风凛凛地去司令部开会，我心里很害怕，生怕爸爸又要去打仗了。我对大我三岁的哥哥说：“爸爸为什么不穿长袍马褂呢？”

爸爸一穿上长袍马褂，就会坐轿子回家，在大厅停下来，笑容满面地从轿子里出来，牵起哥哥和我的手，到书房里唱诗给我们听，讲故事给我们听。

一讲起打仗的故事，我就半捂起耳朵，把头埋在爸爸怀里，眼睛瞄着哥哥。哥哥边听边表演：“‘砰砰砰’，孙传芳的兵倒下去了。”爸爸拍手大笑，我却跺脚喊：“不要‘砰砰砰’的开枪嘛！我要爸爸讲白鹤聪明勇敢的故事给我听。”

“白鹤”是爸爸的坐骑白马。它英俊挺拔，一身雪白的毛，爸爸骑了它飞奔起来，像腾云驾雾一般。所以爸爸非常宠爱它，给它取名叫白鹤。

一提白鹤，哥哥当然高兴万分。马上背起爸爸教他的对子：“天半朱霞，云中白鹤，湖边青雀，陌上紫骝。”我不喜欢背对子，也没见过青雀与紫骝是什么样子。我喜欢听爸爸唱诗，也学着他唱：

慈母手中线，游子身上衣……

床前明月光，疑是地上霜……

我偏着头想了一下，问爸爸：“床前明月怎么会像霜呢？屋子里怎么会下霜呢？”

爸爸摸摸我的头，笑嘻嘻地说：“屋子里会下霜，霜有时还会积在老人额角上呢。你看二叔婆额角上，不是有雪白的霜吗？”

哥哥抢着说：“我知道，那叫作鬓边霜，是比方老人家头发白了跟霜一样呀！”

爸爸听得好高兴，拍拍哥哥说：“你真聪明，我再教你们两句诗：‘风吹古木晴天雨，月照沙洲夏夜霜。’”

他解释道：“风吹在老树上，发出沙沙的声音，就像下雨一般。月光照在沙洲上，把沙照得雪白一片，就像霜。但那不是真正的雨，真正的霜。所以诗人说是晴天雨，夏夜霜。你们说有趣不有趣？”

哥哥连连点头，深深领会的样子，我却听得像只呆头鹅。我说：“原来读诗像猜谜，好好玩啊！我长大以后，也要作谜语一样的诗给别人猜。”

爸爸却接着说：“作诗并不是作谜语。而是把眼里看到的，心里想的，用很美的文字写出来，却又不明白说穿，只让别人慢慢地去想，愈读愈想愈喜欢，这就是好诗了。”

我听不大懂。十岁的哥哥却比我能领会得多。他就摇头晃脑地唱起来了。调子唱得跟爸爸的一模一样。

在我心眼里，哥哥是位天才。可惜他只活到十三岁就去世了。如果他能长大成人的话，一定是位大诗人呢！

光阴已经逝去了半个多世纪。爸爸和哥哥在天堂里，一定时常一同吟诗唱和，不会感到寂寞吧！

我是多么多么地想念他们啊！

——原载 1989 年 8 月 6 日台湾《儿童日报》

新春的喜悦

○
○
○

今天已是立春，但距离农历新年还有半个月。在这半个月中，心情上有一份过了一个新年，还有一个新的兴奋与期待。在异乡异国，尤不免怀念故乡的农历新年。

我的故乡，是一个民风纯朴的农村。新年的期间特别长。要从腊月二十四日送灶神开始，直到二月初二迎神大庙会后才算尾声。孩子们在融融的炉火、红红的纱灯和片片雪花中，穿红着绿，蹦蹦跳跳，吃吃玩玩，好开心啊。

记忆中最开心的事，就是穿上新衣，提着红包，代表母亲挨家去喝春酒。其实红包里只不过十几粒红枣或桂圆，就算对长辈的敬意了。但喝完了春酒以后，荷包里却装着满满的糖果和柑橘，还有叮叮当当的压岁钱。有的是银元，有的是银角子，都是我连声喊阿公和阿婆，摊开手掌心接过来的。银元交给母亲存起来，角子留给自己买鞭炮和玩具，糖果糕饼吃得肚子像蜜蜂。

喝完左邻右舍的春酒，我家还有一项特别节目，就是喝会酒。凡是村子里有人需钱急用，要凑齐十二个人起个会。正月里，会首总要请那十一个人喝春酒，表示感谢，地点一定借用我家的大花厅。酒席是从城里叫来的，比乡下人自己做的多了好几道菜。称之为“十二碟”。那就是四冷盘、四热炒、四大菜，是最最讲究的酒席了。所以我们乡下人对人表示感谢的口头话，就是：“我请你吃十二碟。”

因此，我就眼巴巴地等着吃那一顿“十二碟”。

母亲是最好客也最热心的，总是乐意把大花厅借给大家请客，可以添点新春喜气。长工也高兴地把煤气灯的玻璃罩擦得晶晶亮，呼呼呼地点燃了，挂在花厅正中，让大家喝酒猜拳，那一份热闹气氛不用说了。我呢？一定有份儿坐在会首身边，得吃得喝，吃了拿，拿了再吃。最后还分得一条角上印红花的手帕，包了糖果放在抽屉里慢慢吃。慷慨的母亲还会捧出一瓶自己做的八宝酒，给大家助兴。

母亲是不上会的，但每年正月喝会酒时，她都会提出一个建议，就是每家（包括她自己）都要随意乐捐米粮、衣物或金钱，接济村子里穷苦的人家，由会首送去，使人人皆大欢喜。因此我家春节的会酒，是村子里远近皆知的盛况。母亲推己及人的善心，于此可见。

岁月不居，一晃眼，半个多世纪已急匆匆流逝。每到农历新年，故乡的情景，母亲的慈容，都会浮现眼前，也愈加使我体会到除旧迎新，努力前瞻的深长意义。

金盒子

○
○
○

记得五岁的时候，我与长我三岁的哥哥就开始收集各色各样的香烟片了。经过长久的努力，我们把《封神榜》香烟片几乎全部收齐了。我们就把它收藏在一只金盒子里——这是父亲给我们的小小保险箱，外面挂着一把玲珑的小锁。小钥匙就由我与哥哥保管。每当父亲公余闲坐时，我们就要捧出金盒子，放在父亲的膝上，把香烟片一张张取出来，要父亲仔仔细细给我们讲画面上纣王比干的故事。要不是严厉的老师频频促我们上课去，我们真不舍得离开父亲的膝下呢！

有一次，父亲要出发打仗了。他拉了我俩的小手问道：“孩子，爸爸要打仗去了。回来给你们带些什么玩意儿呢！”哥哥偏着头想了想，拍着手跳起来说：“我要大兵，我要丘八老爷。”我却很不高兴地摇摇头说：“我才不要，他们是要杀人的呢。”父亲摸摸我的头笑了。可是当他回来时，果然带了一百名大兵来了。他们一个个都雄赳赳地，穿着军装，背着长枪。幸得他们都是烂泥做的，只有一寸长短，或立或卧，或跑或俯，煞是好玩。父亲分给我们每人五十名带领。这玩意儿多么新鲜！我们就天天临阵作战。只因过于认真了，双方的部队都互相损伤。一两星期以后，他们都折了臂断了腿，残废得不堪再作战了，我们就把他们收容在金盒子里作长期的休养。

我八岁的那一年，父亲退休了。他要带哥哥北上住些日子，叫母亲先带我南归故里。这突如其来的分别，真给我们兄妹十二分的不快。我们觉得难以割舍的还有那唯一的金盒子，与那整套的《封神榜》香烟片。它们究竟该托付给谁呢？两人经过一天的商议，还是哥哥慷慨地说：“金盒子还是交给你保管吧！我到北平以后，爸爸一定会给我买许多玩意儿的！”

金盒子被我带回故乡。在故乡寂寞的岁月里，童稚的心，已渐渐感到孤独。幸得我已经慢慢了解《封神榜》香烟片背后的故事说明了。我又用烂泥把那些伤兵一个个修补起来。我写信告诉哥哥说金盒子是我寂寞中唯一的良伴，他的回信充满了同情与思念。他说：明年春天回来时给我带许许多多好东西，使我们的金盒子更丰富起来。

第二年的春天到了，我天天在等待哥哥的归来。可是突然一个晴天霹雳似的电报告诉我们，哥哥竟在将要动身的前一星期，患急性肾脏炎去世了。我已不记得当这噩耗传来的时候，是怎样哭倒在母亲的怀里的，仰视泪痕斑斑的母亲，孩子的心，已深深体验到人世的变幻无常。我除了恸哭，更能以什么话安慰母亲呢？

金盒子已不复是寂寞中的良伴，而是逗人伤感的东西了。我纵有一千一万个美丽的金盒子，也抵不过一位亲爱的哥哥。我虽是个不满十岁的孩子，却懂得不在母亲面前提起哥哥，只自己暗中流泪。每当受了严师的责罚，或有时感到连母亲都不了解我时，我就独个儿躲在房里，闩上了门，捧出金盒子，一面搬弄里面的玩物，一面流泪，觉得满心的忧伤委屈，只有它们才真能为我分担。

父亲安顿了哥哥的灵柩以后，带着一颗惨痛的心归来了。我默默地靠在父亲膝前，他颤抖的手抚着我，早已呜咽不能成声了。

三四天后，他才取出一个小纸包说：“这是你哥哥在病中，用包药粉的红纸做成的许多小信封，一直放在袋里，原预备自己带给你的。现在你拿去好好保存着吧！”我接过来打开一看，原来是十只小红纸信封，每一只里面都套有信纸，信纸上都用铅笔画着“松柏长青”四个空心篆字，其中一个，已写了给我的信。他写着：“妹妹，我病了不能回来，你快与妈妈来吧！我真寂寞，真想念妈妈与你啊！”那一晚上整整哭到夜深。第二天就小心翼翼地把小信封收藏在金盒子里，这就是他留给我唯一值得纪念的宝物了。

三年后，母亲因不堪家中的寂寞，领了一个族里的小弟弟。他是个十二分聪明的孩子，父母亲都非常爱他，给他买了许多玩具。我也把我与哥哥幼年的玩具都给了他，却始终藏过了这只小金盒子，再也不舍得给他。有一次，被他发现了，他跳着叫着一定要。母亲带着责备的口吻说：“这么大的人了，还与六岁的小弟弟争玩具呢！”我无可奈何，含着泪把金盒子让给小弟弟，却始终不忍将一段爱惜金盒子的心事，向母亲吐露。

金盒子在六岁的童子手里显得多么不坚牢啊！我眼看他扭断了小锁，打碎了烂泥兵，连那几个最宝贵的小信封也几乎要遭殃了。我的心如绞着一样痛，趁母亲不在，急忙从小弟弟手里抢救回来，可是金盒子已被摧毁得支离破碎了。我真是心疼而且忿怒，忍不住打了他，他也骂我“小气的姊姊”，他哭了，我也哭了。

一年又一年地，弟弟已渐渐长大，他不再毁坏东西了。九岁的孩子，就那么聪明懂事，他已明白我爱惜金盒子的苦心，帮着我用美丽的花纸包扎起烂泥兵的腿，用铜丝修补起盒子上的小锁，说是为了纪念他不曾晤面的哥哥，他一定得好好爱护这只金盒子。我们姊弟间的感情，因而与日俱增，我也把思念哥哥的心，完全寄托于弟弟了。

弟弟十岁那年，我要离家外出，临别时，我将他的玩具都理在他的小抽屉中，自己带了这只金盒子在身边，因为金盒子对于我不仅是一种纪念，而且是骨肉情爱之所系了。

作客他乡，一连就是五年，小弟弟的来信，是我唯一的安慰。他告诉我他已经念了许多书，并且会画图画了。他又告诉我说自己的身体不好，时常咳嗽发烧，说每当病在床上时，是多么寂寞，多么盼我回家，坐在他身边给他讲香烟片上《封神榜》的故事。可是因为战时交通不便，又为了求学不能请假，我竟一直不曾回家看看他。

恍惚又是一场噩梦，一个电报告诉我弟弟突患肠热病，只两天就不省人事，在一个凄清的七月十五深夜，他去世了！在临死时，他忽然清醒过来，问姊姊可曾回家。我不能不怨恨残忍的天心，在十年前夺去了我的哥哥，十年后竟又要夺去我的弟弟，我不忍回想这接二连三的不幸事件，我是连眼泪也枯干了。

哥哥与弟弟就这样地离开了我，留下的这一只金盒子，给予我的惨痛该是多么深？但正为它给予我如许惨痛的回忆，使我可以捧着它尽情一哭，总觉得要比什么都不留下好得多吧！

几年后，年迈的双亲，都相继去世了，暗淡的人间，茫茫的世路，就只丢下我踽踽独行。如今我又打开这修补过的小锁，抚摸着里面一件件的宝物，贴补烂泥兵脚的美丽花纸，已减退了往日的光彩，小信封上的铅笔字，也已逐渐模糊得不能辨认了。可是我痛悼哥哥与幼弟的心，却是与日俱增，因为这些暗淡的事物，正告诉我他们离开我是一天比一天更远了。

小小颜色盒

○
○
○

我不知道朋友们有没有一件礼物，是好友郑重其事地送给你的？东西并不一定值多少钱，但你的朋友送给你的时候，脸上那一份恳切的神情，会使你永远难忘，于是你接到那件礼物时，就会想起那个朋友，心里感到好温暖，好快乐。

我原来有一样礼物，只是普普通通的小小水彩画颜色盒，可是对我来说，那份友情是多么宝贵啊！好多好多年后，我一直随身带着。可是几十年中，我逃了很多次的难，行李都丢光了，那个颜色盒也不知去向了。但颜色盒的样子，和送我颜色盒的好朋友脸上的神情，我却永远记得。

那时我在家乡，只有七八岁，左邻右舍的小朋友很多，其中一个叫王玉的，跟我最要好。只因我必须在家里跟老师念书，她却在乡村小学念书。她佩服我会背古文、唐诗，我佩服她会唱“可怜的秋香”，会跳“葡萄仙子”的舞。我们彼此地教，彼此地学。渐渐地，两人都觉得学问很好的样子。

她长得很漂亮，只是鼻梁旁边有一粒很显明的黑痣，妈妈夸她是美人痣，她自己却不喜欢这颗痣。有一天，我为了得意自己学会了成语，就伸出指头点着她的痣说：“王玉呀，王字边上有一点，名副其实的王玉，你是‘白璧微瑕’。”她最最不高兴人家提她的痣，听我这么得意地拿她开玩笑，好生气啊！唰的一下转身跑了。我急得要命，在后面拼命地喊，她就是不理我了。

过了好几天，我特地到她学校去看她，她正在画图画。看她从书包里拿出两个颜色盒，一个新的、一个旧的。旧的里面，一块块的颜料已经用得快完了，盒背上的黑漆也掉了。我站在她边上，看她用画笔蘸着水，这个盒子里的颜色抹一下，那个盒子里的颜色抹一下，直顾自己埋头地画。

我轻轻地说：“颜色盒好可爱啊，你有两个呀？”她忽然把旧的那个一推说：“你拿去好了，这个我不要了。”听她这一说，我简直如获至宝似的，马上把湿淋淋的旧颜色盒捧在手里，连声说：“谢谢你啊，王玉。”转身奔回家来。告诉妈妈，王玉送我东西，王玉已经不生我气了。我当时的快乐，不是因为得到这个颜色盒，而是知道王玉还是喜欢我，要送我东西的。

在感激中，我挖空心思，要亲手做一样东西送给她。我背过老师教我的《诗经》：“投我以木桃，报之以琼瑶。匪报也，永以为好也。”我最喜欢“永以为好”那四个字了，我要和王玉永以为好啊。因为那时，我已知道自己将被大人带到很远很远的杭州去，以后就不容易见到王玉了。

我请小帮工阿喜教我用竹子削成细细的篾丝，小心翼翼地，编了一个好细巧的圆球，里面装了我最最心爱的一颗玻璃珠（我只有两颗，要割爱送她一颗）。编好以后，在一个星期天的早晨，送到她家里去。我战战兢兢地拿出篾球给她。她看了好半天，默默放进口袋里，笑了笑说：“你编得好细啊，你这个粗心人。”

听了她的赞美，我好高兴，脸都红红的，不知说什么才好，有点不敢抬头看她，因为怕看到惹她生气的那颗痣。

我没有在她家待多久，就回来了。回到家才一会儿，却见王玉急匆匆地跑来了。她一把拉住我的手，把那个崭新的颜色盒放到我的手心里说：“小春，这个新的给你，上次那个太旧了，是我本来就要扔掉的，怎么能给你呢？”

不知怎么的，我忽然鼻子一酸，眼泪扑簌簌地掉落下来。我实在太感动、太快乐了。因为王玉把她自己最最喜欢的东西给了我，我是多么地爱她啊！可是，没多久，我们就要别离了，我怎么能不伤心呢？

小瓶子

○
○
○

这么大年纪了，而喜爱小玩意的童心，依然未改。我特别喜欢各种各样的小玻璃瓶子，宝贝似的收藏着，不时拿出来玩玩，挺有意思。我儿子小的时候，常把它们砸了，砸了我就再设法补上。现在，他长大些，也懂了。“这是妈妈的玩具，不许动的。”他说，有时他向我要求：“妈妈借我玩一下好吗?”当然好，看他玩得那么高兴，在他身上，我找回了自己的童年。记得十岁时割扁桃腺，一个人深深陷落在雪白的病床里，母亲在乡下忙秋收不能来陪我。我从枕边掏出她为我做的一双仅一寸多长的小小红绣花鞋，套在手指上，边玩边想念母亲。父亲来了，从口袋里摸出一只小药瓶说："是我特地向护士小姐要来给你玩的。"他又问我还想要什么，我说要那百货公司玻璃橱里站着的会哭会睡觉的洋娃娃。父亲马上给我买来了。我捧着她，亲她，把小红缎鞋套在她的胖脚上，又拿小药瓶装了牛奶喂她，我跟洋娃娃一起睡着了。可是当我醒来时，却看见一张阴沉的长脸对着我，我战战兢兢地喊她一声"娘娘"，她却一声不响地拿走我的洋娃娃，连小红鞋与小药瓶都拿走了。她说我不可以把手晾在被子外面吹风，小药瓶搞脏了床单，我把头缩在被窝里，眼泪不断地流，却不敢哭出声来。我只听见她在大声责怪父亲："买这样贵的东西，宠得太不像话了！"

病好回乡下，第一件事就是找回那个洋娃娃，可是我发现她孤零零地躺在稻草堆上，雨打风吹，美丽的头发脱落了，小红缎绣花鞋只剩一只，我抱起她哭着奔向母亲，母亲搂着我喃喃地说："别哭，宝宝。妈用黄丝线补上她的头发，再做一件漂亮衣服给她穿上。"

"也要绣花的。"我说。我不懂得追究洋娃娃为什么会遭此厄运。我看见母亲抚摸着她，眼中都是泪水。

我原有满满一抽屉的小瓶子。其中最多的是十滴水瓶子、眼药瓶子、仁丹瓶子。我又从医院带回更多更好的瓶子，放在一起，亮晶晶，响叮叮的真是好玩。我捧出来一样样地分类，在桌面上摆着各种图案。一个人寂寞地玩着。有一天，我那位“娘娘”突然走进我的书房，看见我正玩得起劲。桌边上是一本《七剑十三侠》，《古文观止》俯卧在地板上。她那对亮得透明的眼睛望了我好半天，咧了下雪白牙齿问我：“你在看这本小说吗？”

我摇摇头。

“那本书为什么丢在地上？”

“它自己滑下去的。”我嗫嚅着。

“捡起来！”她命令我。

我捡起书，平平正正放在桌上，拔腿想溜。

“站住！”她忽然像发现了什么，问我，“这只瓶子是哪儿来的？”

“记不得了。”我又摇摇头，其实我明明记得那是从父亲书桌的玻璃盘里偷来的。那里面原还剩两粒红红的丸药。我把它倒出来搁在舌头上舐舐，先是甜的，以后就变苦了，赶紧吐出来，把玻璃瓶子塞在口袋里，带回加入我的小瓶阵容。现在却被她发现了，她大声问我：

“怎么可以乱拿药瓶子，这是你爸爸的安眠药，你把药搞到哪里去了？”

我怕打，就死不承认，扯谎说：“是妈妈给我的。”我怎能想到，这句谎话会害妈妈受一场闲气呢？

第二天，母亲的眼睛红肿得像熟透的葡萄，她叹息着埋怨我道：“你这不懂事的小东西，你怎么扯谎都行，为什么说是妈给你的呢？妈哪来的安眠药，你爸爸怎么会把这些仙丹似的药给我呢？”

“妈，安眠药是管什么的？”我还歪起脖子问。

“夜里睡不着，吞了就好睡。”

“那爸爸为什么吞这药？他睡不着吗？”

“谁知道他，反正妈一辈子睡不着，也不会伸手向他讨药，我终归有一天要闭上眼睛的。”

妈气得脸发白，又颤抖着骂我：“你搁着正经书不念，这么点儿大就看小说，你知道你不长进要妈受多少气。”

我这才明白是怎么一回事了，我咬咬牙，立刻奔向父亲的书房，一口气对父亲说，管睡觉的药是我丢掉的，药瓶是我偷的。父亲先是沉着脸，半晌却点点头说：“我知道是你干的，你为什么又看小说呢？”

“不是我，那飞剑小说是小叔叔看的，他看了讲给我听的。”

“那种离奇古怪的故事不要听，先把书念好要紧，唐诗背得几首了？”

“会背好多首了，”我摇头晃脑地背起来，“一片花飞减却春，风飘万点正愁人。且看欲尽花经眼，为厌伤多酒入唇……”

“什么意思你懂吗？”

“懂，就是花儿落了，很忧愁，要喝酒。”

父亲的双颊出现两道深深的沟，那是慈祥的沟，他已经不生气了，而且用手摸我的头。我立刻问他：“爸爸，还有小药瓶吗？都给我。”

他忽然在抽屉里取出一个玲珑小玻璃瓶说：“拿这给你妈吃，瓶子给你。”

“管睡觉的？”

“不是，是补药。我看你妈很累，该吃点补药。赶紧拿去吧，别叫人看见。”

我知道爸说的这个“人”是谁。我把瓶子收在兜儿里，飞奔回到母亲身边，得意扬扬地拿出药来说：“呶，爸给你吃的补药。”

“给我的？”

“嗯，爸说你太累，得补补。瓶子是我的。”我仰头望着母亲，她半晌没有说话，眼中又充满了泪水，可是她脸上那一丝微笑，是我永远不会忘记的。

那只小瓶子，母亲久久没有给我，我催她，她总说："还没吃完呢，我感到累了才吃一粒，哪舍得天天吃呢？"

可是我等不及了，拿一个奎宁丸瓶子给倒过去。母亲悄声地说："小心别让人看见哟，这瓶子被看见，风波就大了。"

我也知道她说的这个"人"是谁。母亲说话时眯起一对近视眼，笑得真美。我多么喜欢看见她的眯缝眼儿，和父亲双颊的两道沟。

我渐渐长大了，乱七八糟的小瓶子越来越多。我统统把它送给过继的小弟弟，小弟弟喜欢小瓶子的癖性跟我一样。有一次，他趴在小沟里找东西，浑身脏得像条泥鳅，裤子后面裂条缝，屁股半个晾在外面。父亲用拐杖狠狠打了他，他抿紧了嘴一声不响，一只拳头捏得紧紧的死不放。我牵着他到水槽边洗手，他才悄悄地摊开手心，得意地在我鼻子尖下一晃说："姐姐，你瞧，我从沟里捡起来的。"原来是一只缺了嘴的十滴水瓶子，为了它，他宁可挨一顿揍。

我们姐弟有着极深厚的感情。可是我们在一起的时间太少，卒业回家时，双亲已去世，弟弟亦夭折。那一抽屉的小瓶子，当然是散失无遗了。但我仍找到一只没有塞子的眼药瓶子，我真是格外地钟爱它，珍重地保存起来。此后，我又不断搜集许多小瓶子，可是水准高了，好瓶子也不容易搜集到了。

前不久，孩子把一只最心爱的香水瓶子拿去装肥皂泡沫。塞子也搞丢了，我一气打了他一记耳光。他也一气，索性把瓶子扔在地上砸得粉碎。我真想狠狠地揍他一顿。可是一想起小时候寂寞地躺在病床上，失去小药瓶与洋娃娃的沉重悲哀，与我那夭折的小弟弟，为一只破十滴水瓶子挨揍时那副殉道的精神，我又何忍再打孩子呢？

春节忆儿时

○○○

宰 猪

我的故乡，是浙江永嘉县的瞿溪乡，童年时代，我都在乡间度过，在我记忆中，每年到了天主教堂的白姑娘（故乡对修女的称呼），忙外国冬至（圣诞节）的时候，就是家家户户忙农历新年的开始了。

九月晚谷收成时所酿的新酒，到腊月开缸，只要闻到一阵阵新酒的香味，就知道第一件大事要办，那就是宰猪。我家每年要宰两头猪。宰猪的日子愈近，母亲的心情愈沉重，而这件大事，又非办不可，因为用自己家养的猪，祭天地、财神、祖先，是表示最大的敬意。于是在三天前，母亲就吃斋念佛，以减轻“罪孽”。我呢，也在三天前就开始兴奋，等待那一幕又想看又不敢看的情景来临。最奇怪的是猪圈里两头又肥又壮的猪，也从三天前就胃口大减，愈来愈吃得少，到了当天，竟至于绝食了。平时，都是母亲或阿荣伯送猪饲，我跟在后面，看它们啪嗒啪嗒地吃得好香，阿荣伯有时还伸进手去拍拍它们的头顶，拉拉它们的肥耳朵，它们也会用湿漉漉的鼻子友善地碰碰他的手背。可是到最后一天，母亲和阿荣伯都不忍心进去了。据女佣说，香喷喷的饲料倾在猪槽里，它们只是无精打采地躺着，连头都不抬一下呢。

宰猪都在清晨三四点钟，屠夫是早已约定的，母亲半夜里就起来烧水，把门窗关得紧紧的，不让我听到猪的惨叫声。等我从睡梦中完全清醒过来，偷偷赶到后院时，两头猪已被吹得跟大象一样，毛都快刮干净了。它们紧闭着眼睛，在热汤大木桶里，四脚朝天地躺着，任由长工摆布。我走过猪圈看看是空的，心里很难过，看厨房里忙碌的母亲，嘴里喃喃地念着往生咒，以超度“猪魂”。我也跟着念起来，仿佛念过咒，再吃它们的肉，就算对得起它们了。童稚无知，哪里懂得世间事无法避免矛盾。逢年过节，哪得不杀生。母亲终年辛苦，饲养的猪鸡鸭，平时那样关心它们，连一条米虫都要摇摇摆摆地送给鸡啄。而到了年关，决定哪天杀它们的还是她。全家大小，除了她，都是闻其声而食其肉。她只好以上天注定畜类供人类享受，杀了它们反得转世为人以自慰了。

大户人家的猪肉，都留作自己吃，腌肉、酱肉、卤肉不一而足。而穷人的一头猪，往往只够还债务，债务多的，在宰猪的当时，债主们就群集现场，叉着双手等待宰割猪肉抵债。一会儿就被瓜分无遗，连给孩子们留副猪心猪肝都办不到。因为如果欠人五块银元，一年里连本带利，就几乎抬走半头猪。所以有人向母亲借钱，母亲从不要他们还，相反的，还分别送几斤上好猪肉给他们，点缀年景，她真是做到“对贫苦亲邻，须加温恤”的程度。而邻居也都纷纷送来整篮鲜红的大吉（橘子和柑）或新鲜的鸡蛋，以报答好意，倒是给新年增添了一片欢乐祥和气氛。

猪肉一刀刀地挂满两厢房的廊檐下。此外更有一两百只的酱鸭，和连串的鸭肫肝，以备平时款客和父亲吟诗下酒之用。我的一位堂房叔叔，时常偷了鸭肫肝生啃，阿荣伯每天数数都少一个，就对他警告。堂叔说他把肫肝当念佛珠，每天点一个肫肝念一句阿弥陀佛，并没有吃它。说肫肝已化去，鸭子的灵魂被超度了。他淘气捣蛋，是新年里最活跃的人物，我都喊他肫肝叔叔。

掸 尘

非常文雅的家乡土话，就是春节的大扫除。这项节目，我也非常感兴趣。因为平时许许多多的东西，都收在不知什么地方，这时全搬出放在天井里，彻底地洗涤，我就在当中跨过来跨过去，摸摸碰碰，问这是什么，那是什么。储藏室的门敞开着，瓶瓶罐罐等好吃的东西，也都搬出来摆在走廊下的长桌上，花生糖、芝麻饼、金丝蜜枣、糖莲子，还有整大缸瓯柑，我和肫肝叔叔可以大显身手，趁火打劫。加以家庭教师已给我们放假，到正月初八迎神庙戏以后才开课，我们心里无牵无挂，可以敞开地吃敞开地玩。肫肝叔叔连刚开缸的新酒都会舀出来喝。我呢，吃够了就在母亲身边绕来绕去，给她越帮越忙。母亲非常仔细，每样东西，都要亲自检点，放回原处，取用时才顺手。她一边谨慎小心地捧着碗碟等放进橱中，一边嘴里不停地念

“瓶瓶碗碗、瓶瓶碗碗”，就是“平平安安、平平安安”的意思，家乡话“安”“碗”同音。如果油、盐、酱、醋用完了，她绝不说“完了”或“没有”二字，她一定说“用好了”或“不有了”。而把“好”字和“有”字的声音，提得好高，拉得很长，表示样样都有，事事美好。数数遇到“四”，一定说“两双”，绝不说“四”，因为声音不好听。这时候，抽着旱烟管晒晒暖(晒太阳）的外公，就用微微颤抖的手，剪出大红元宝、金元宝，贴在厨房门上、碗橱上。碗橱门洗刷以后，金色卍字显出来，贴上了红元宝格外的亮。到处红，到处亮，一片热闹的新年气象，新年马上要来了。

捣糖糕

紧接着是做年糕，我家乡称为“捣糖糕”。米粉在蒸笼中蒸透以后，加红糖在石臼里捣得糖色均匀，并有了弹性，然后用长方雕花模型压成一条条朝笏似的长年糕，一排排叠得高高的，以备正月里送礼请客之需。长工们做年糕，阿荣伯就捏元宝，大大小小的元宝捏了无数个。捏一个最大的（有米斗那么大)，再以红绒线串了一百个子孙钱（崭新发亮的铜钱）套在上面，摆在大厅靠屏风的琴桌正中。其他的元宝，由大而小，九个一沓，九九生财，摆在灶脊上、谷仓里，由我帮着去摆。这时，母亲在厨房里蒸松糕，一层猪油，一层红枣，一层红糖，好甜好香，我一手松糕，一手糖糕，这边一口，那边一口，阿荣伯做好了元宝，又给我捏一个关公，一个张飞。我在厨房与走廊之间，大人们的缝儿里钻来钻去，我告诉阿荣伯说我都快乐得要裂开来了。

最后的一笼，是“富贵年糕”。那是专门给叫花子的。在一般人家，富贵年糕，至多蒸一笼，糖加得少，米粉也较粗。母亲总是让他们做两笼，而且是同样多的糖，同样细的米粉。她说一年一次是难得的。富贵年糕，只有一部分用模型压的给叫花头，其余的只搓成圆筒筒，再切成一段段，计口授粮，不论男女老幼，每人一段。从初一到初五，叫花子全家出动，背上背一个，怀里抱一个，手上再牵一个，成群结队而至。前门讨了，转到后门又来讨。一年到头是这几张熟面孔，阿荣伯都认得，我也有好多认得。他们满口的：“大老爷、太太、大小姐，加福加寿，多子多孙，一钱不落虚空地，明里去了暗里来，高升点，年糕多给一块，高升点。”就跟唱流水板似的。阿荣伯想不重给也不好意思。他们还会说：“阿荣伯，你做的年糕比那一家大户人家的都细、都甜。”阿荣伯更乐了，谁不喜欢戴高帽子呢。阿荣伯说，叫花头告诉他，他们新年里讨来的年糕，总有好几大箩，吃不完都卖出去。只有我们潘宅讨去的年糕，不偷工减料，是一定存着自己慢慢吃的。阿荣伯最后总是高兴地说："这是老爷太太积德。”那些年富力壮的男女，五官完整，却是一代传一代的以乞讨为常业，这种恶习，不能不说是村子里乐善好施的大户人家所养成。在当时好心的母亲是相信善有善报，在父亲来说，是中年人心灵上的一点补偿。我呢，只觉得做叫花多么自由自在，多么好玩，起码不必读书了。如今想起那些被背在背上日晒风吹的婴儿，和光着脚板整天东奔西跑，和我差不多年龄的孩子，他们何以被注定当叫花。乡民们有这种善心，为什么不捐钱办乡村小学，办收容所呢？

祭　灶

掸完了尘，捣好了糖糕，就是二十四夜送灶神爷。厨房里菜油灯剔得亮亮的，抹得干干净净的大锅灶上，摆上了鸡鱼鸭肉、糖果年糕。点上香烛，祭拜以后，即将满是烟尘的灶神火化，送他上天传好事，下地降吉祥。据说灶神爷最富人情味，吃了一顿好的，在玉皇大帝面前就只是隐恶扬善。在我的记忆中，并没有拿糖粘住他的嘴或贴住他的眼的恶霸行为。我想既已升作神祇，至少高了人类一等，总不会像人类那么现实，也不能由得人类这般摆布吧。

送灶神既是个小小的典礼，却是一个序幕，从此以后，就一天天更进入年景了。

分岁酒

大除夕的下午，年景已进入高潮。大厅里红木桌和太师椅，都扎上大红缎盘金双仙和合的桌披椅披。一对凤凰，一对双龙抢珠的锡烛台，一字儿排开，正中是狮子捧仙球的锡檀香炉。香烟从张开的狮子口和镂空的圆球中喷出来。整个大厅都是芬芳的檀香味。一大一小两对蜡烛，要等父亲主祭天地和祖先时才点上。我和族里兄弟姐妹们都一个个穿上了新衣。自从父亲回来以后，给我带来一件粉红缎圆角棉袄，一条水绿华丝葛裙子。我穿上了，就在桌披下面钻进钻出，演花旦，当新娘。姐妹们都好羡慕我。前廊里亮起了煤气灯，发出呼呼的声音，格外令人兴奋。到处金光闪闪，我也金光闪闪。我又要开心得裂开来了。阿荣伯说的。不一会，从厨房里端出大碗大碗热腾腾的菜。整鸡（基业稳固），猪头鼻梁上横着尾巴（有头有尾），整鱼（年年有余），豆芽（年年如意），红糖莲子（子孙满堂），甘蔗（节节高），藕（路路通），橘子（大吉），柑（升官），阿荣伯样样说得出名堂。色色俱备之后，父亲燃上香烛，带领全家跪拜，先祭天地，谢神灵，后祭祖先。父亲一脸的崇敬，我们孩子们也鸦雀无声。祭拜完毕，洒一杯酒在地上，然后烧驸马和金银纸钱。百子炮（即鞭炮）一开始响，顿时就热闹起来。百子炮愈长，放的时间愈久，表示这家愈富裕，愈兴旺。长工从二楼上的栏槛外挑起竹竿，几丈长的百子炮垂下来，噼噼啪啪一直响个不停。父亲的脸上露出欣慰、满足的笑容。他坐在太师椅里，我们围上去团团拜下。他从黑缎马褂的暗口袋里，抽出红封袋，每人一封，一律的两块银大洋。这时附近邻居的孩子们，听到鞭炮声全都来了，女孩子大部分已穿上鞋子，男孩子仍都是光脚板，他们是来等放完鞭炮，在天井里捡没有燃过的小炮。他们看大堂上灯烛辉煌，满桌的菜肴冒着腾腾热气，一个个都张开嘴看呆了。父亲一高兴起来，叫母亲再捧出一沓银大洋，一沓红封套，每人一块分给他们。阿荣伯生怕越聚越多，就把风水门（大门）关上，带着他们从边门出去。我望着父亲满面红光，小小的心灵感染了一份骄傲，也替得到一块银大洋的小朋友们快乐。因为他们的父母，是再也不会给他们一块银洋钱作压岁钱的。我的两块银洋钱，在口袋里叮叮地响。坐在母亲身边，开始吃分岁酒了：鸡、鸭、肉，除了鱼，每样都得吃到。饭碗里必定要剩两粒饭，不能“吃光”。一对红蜡烛放在饭桌上，表示祖宗分给我们一人一岁，母亲说：“又长一岁了，要乖哟。”

吃好分岁酒，阿荣伯捧出一个米筛，装着切成一段段的生红薯，用香梗当签子，叫我帮着插上小红烛，点了在长廊上每五六步摆一盏。楼上楼下，前后厢房，厨房、谷仓，到处都摆了。母亲在灯盏里加了满满的菜油，于是煤气灯、洋油灯、菜油灯、蜡烛灯，处处一片光明，憩坐室正中的炭炉也烧得旺旺的，年纪大的围着取暖、谈天。年纪轻的开始撒状元红，推牌九。我们孩子就在缝儿里挤。哪个赢就向哪个吃红一大枚，父亲平时很严肃，只有过年时总是笑嘻嘻的。大家尽情欢乐，因为守岁一直要过子夜。到了一点钟，一声爆竹，除旧迎新，又是一年的开始了。

那一份彩色缤纷的情景，至今萦绕心头。可是另有一副情景，也使我永志难忘。有一个除夕，我趁大人不注意，从边门溜到邻居阿芸家玩。厨房里只点一盏菜油灯，一对小小的蜡烛。从我们满堂灯火中，忽然进入她那儿，格外觉得幽暗，我看见灶下柴仓边坐着一位老公公，捏着旱烟管、呼嘟嘟地吸，吸完了在泥地上咯咯地敲，敲了装上烟再吸。脸板板的没有笑。我问阿芸："他是你外公吗？"阿芸说："才不是呢，他是来讨债的，我们欠他八块钱，宰了猪还他五块，还欠三块，他就坐着不走。"我问她："你爸呢？"她说："上外面赌钱了。"我心里好难过，摸摸身边有好几块银元，摸出三块说："给你妈先还他好吗？"阿芸生气地把我的手一推说："我不要，妈妈也不要。你放心，过了半夜，他自会走的。"回来以后，我告诉母亲，母亲说："阿芸的妈是不肯白拿人钱的，等过了初五，我请她帮忙做点针线，多算点工钱给她，她才要的。"第二天初一，我又去阿芸家，又看见那位老公公，还对阿芸的妈说恭喜发财。尽管大年夜追债追得凶，初一仍是见了面笑嘻嘻的，阿芸的妈泡了碗橄榄糖茶给他喝，他喝了糖茶，两个指头把橄榄一夹，捏在手心里就喷着旱烟走了，因为橄榄就是元宝，他一定要的。

拜　年

年初一，可以比平时多睡一个时辰，不必天没亮就起来煮饭，因为饭、菜都是现成的，初一不煮饭，不用刀、剪子、针，也不扫地，因为它们一年辛苦，也要休息一天。初一也不点灯，一家人早早吃了晚饭，天没黑都睡了。

初二才开始拜年。这是我的一项重要任务。每回都是阿荣伯提着满篮的大红篷包——红纸衬着粗草纸，包成长七寸宽五寸梯形的纸包，包的是红枣、莲子、桂圆、松糖等，种类分量各有不同，看对象的尊卑、亲疏决定。每包至多不会超过银元四角。每家放一个，是一种象征性的礼物，惠而不费，倒也颇有意思。我去拜年时，他们给我的是瓯柑、炒米花、花生糖等，也是一大篮满载而归，可以和小朋友痛快地吃。

我家长桌上总是排着好多红纸包，肫肝叔叔时常从纸包缝中伸进两个手指头，夹出糖果吃了，吃得空空的，塞进一些小石子，被母亲发觉了，只是训斥他一顿，也不告诉父亲。

迎神提灯

五天年满了，只隔一天，又掀起第二个高潮，那就是初七初八两天的迎神和庙戏。我们乡里有两座具有传奇性的神殿，称为上殿和下殿。相传唐朝的忠臣颜真卿和他的弟弟，均被奸臣所害，天帝封他们分别在我乡的两个村庄“上河乡”“下河乡”为神，因称上下殿。两人都曾讨安史之乱，颜真卿是讨贼有功，后来被叛臣李希烈所杀害。颜杲卿是讨贼不屈而死。但他们都未曾当过永嘉太守，不知何以会被天帝封在永嘉县的小小瞿溪乡为神。想来可能是安史乱兵曾骚扰过永嘉县，我们的祖先为了感激这两位忠臣，和对他们的敬仰，筑殿祭祀崇拜。并且还传说两兄弟曾礼让一番，哥哥愿居下殿，把人口较多、市面较繁荣的上殿让给弟弟，弟弟执意不肯，依年龄尊卑应居下殿。最后哥哥决定每年新年，哥哥先去拜弟弟的年，因此乡民有一句“瞿溪没情理，阿哥拜阿弟”话。每年正月农历初七，在夜戏开锣以前，先将上殿神恭恭敬敬地抬到下殿，给弟弟拜年，看完二出戏，才接回来。初八夜是下殿神来上殿回拜哥哥，也是看完三出戏接回去。乡民们以十二万分虔诚崇敬的态度，举办这件大典。上下河乡的乡长，在头年腊月就开始忙碌筹备，向地方上募款，办祭奠，添购殿宇中的装饰。二位神像的冠带蟒袍，每三五年必须换制全新的，神龛也刷得金碧辉煌。迎神时的鼓手乐队都是镇民自愿参加，提灯、举火把风烛的（即丰足之意），有的是雇来的乞丐，有的是乡民子弟的志愿军，或因求神只保佑健康，许下心愿，此时来祭拜还愿提灯。如果一年来风调雨顺，五谷丰收，为表示感激和快乐，就加上马队。马匹由城里租来，黑、白、棕各色均有，上面坐着画了脸谱的少年（亦是志愿军或雇来的），看去像戏台上的强盗，故亦称马盗。马盗的衣着愈新，马匹愈壮，队数愈多，表示这一乡愈富裕。神殿正中，摆上三牲福礼等整猪整鸡鸭、面和糖糕，香烛灯火辉煌，映照得白发的主祭乡长，红光满面，喜溢眉宇。神像的銮驾自殿门抬出，前面是两位扮得高及一丈的开路神，摇摇摆摆地开路，接着是旌旗，乐队，管弦丝竹，奏着严肃的调子，然后是风烛火把，锣鼓马盗和香案。这才是端坐着神像的銮驾，銮驾后再是风烛火把和锣鼓。偌长的迎神队伍，从热闹的街心穿过。街上好多路祭，是生意兴隆的商家所摆，鞭炮之声，不绝于耳，他们一则表示感谢，二则也是炫耀财富之意。从长街转到山路和田野，原来一片静谧的田野，顿时开出了火树银花，天空也照耀得一片通红。不管是晴朗或风雪漫天，他们都是一样兴奋。风烛火把都烧得旺旺的，绝不会被熄灭，两旁放鞭炮的，往往把鞭炮挑近神座边去放，或是把燃着的小炮扔到神像的膝盖上，据说神佛显出神通，蟒袍不至着火。如此浩浩荡荡地迎到下殿拜年，第二晚下殿神也同样浩浩荡荡地迎来上殿。这般的盛况，无论大人小孩，都争先恐后地去享受这份热闹。我们女孩只能在迎神队后面追随一小段路，就回到殿里看戏。殿宇的两厢回廊，早已排满了长凳，都是各家抢好的包厢，用草绳扎在栏干或大柱上。外公赶第一出戏就坐在那儿看了。我倚在他身边，看四四方方的戏台上，演的都是连台好戏，虽不懂却好看，因新春开锣戏订的是最好戏班，行头崭新，演员也是最有功夫的，评剧、昆曲、弹词各种班子不一定。因包银高，故演来非常卖力。记得有一次演的是封神榜，小小的舞台上，挤满了和尚道士和假扮的青牛大象，好不热闹。我问外公哪边是好人，哪边是坏人，哪边会把哪边杀掉，外公总是说，有时好人也会被坏人杀掉，但是好人死了一定当神仙，就跟我们的上下殿神一样。台上看够了，就看台下，天井里黑压压的全是年轻小伙子，不时大声喝彩。有的年轻人却不时回头向两边包厢里的打扮得花枝招展的姑娘瞄过来。姑娘们一个个费尽心思，争奇斗艳，别说是他们，连七八岁的我都看呆了，她们梳得油光乌亮的辫子都扎上五彩丝线，讲究的还夹入闪亮的金丝，各色绣花或织锦的缎袄，缀穗子的华丝葛曳地长裙，更稀奇的是，她们短袄琵琶襟的扣子，竟是五彩小电珠子，电池放在口袋里，以手控制闪光，和神像金魁上的电珠相辉映，看得我实在羡慕。刚结婚的少妇们都是满头珠翠，擦得浓浓的脂粉，手上金镯手表，戒指有多到八个的，总之所有的财富，全穿戴在身上了。还有已订婚的十五六少女，被挤在人丛中的儿郎（未婚夫）盯得低下头，既羞涩，又兴奋，胆子大的也会偷偷回望他几眼，一颗心已经不在戏文上了。

三出戏完，下殿神要回去，上殿神起身相送，銮驾一前一后，抬到殿门口，相对一鞠躬而别。做得惟妙惟肖，把两尊泥塑木雕的菩萨，完全人格化了。不由得使人对古圣先贤，肃然起无限敬仰之意。典礼完毕之后，祭物一部分由设祭者自己取回，一部分由乡长分配，散发给贫苦的村民享受，这一切都处理得井井有条，公平合理，也显得上下河乡两村村民的至诚团结，和睦互助的精神。乡间民风的淳厚，也于此可见了。

在我记忆中，留下最深刻印象的，还是典礼结束，戏文散后，牵着外公的手，由阿荣伯打着灯笼，一路回家的情景。两位老人，都已白发皤然，红灯笼柔和的光，映照着他们的白胡须，也映照着皑皑的白雪。他们的钉鞋，踩着雪地沙沙有声。细碎的雪子，洒落在伞背上，也是沙沙有声。在寒冷的深夜，一番热闹之后，听来格外清澈。我当时只十岁左右，心头似已有一丝酒阑人散的凄凉之感。主要的是快乐的新年已到尾声，我又要被关进书房念“诗云子曰”，疼我的外公不久也要回山上当医生去。一切的欢乐都有过去的时候，今年我已长了一岁，明年我还要再长一岁，马上就要变成大人了。母亲说我已经慢慢长大，不能再跟邻居的孩子们一起玩了。

我一声不响地走着，外公忽然问我：“小春，你怎么走路都睡着了?”我说：“好冷啊!”外公笑笑说：“把脖子伸出来，腰杆挺直，就不冷了。”我说：“不知怎的，我觉得好冷清。”阿荣伯说：“正月正头的，怎么说冷清，有你外公和我陪你，还说冷清。”我总是说不清楚心里那股冷清的滋味。过了半晌，外公说：“小春，再过一两年，你就要上外面读书，外公和阿荣伯陪你一起过年的时光，真的不多了。”好半天，我听见阿荣伯叹了口气。

如今回想起来，小孩子无心的一句话，却不知引起两位老年人多少感触。

“一声炮竹连烽火，万里归心动暮笳。”这是先父在抗战第二年所作的除夕诗。在台湾，已度过多少个农历新年，从大陆来的，大家都有无限的思乡之情!

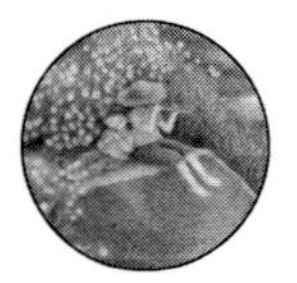

压岁钱

○
○
○

又要分压岁钱了。我把一张张崭新十元新台币装进红封套，生活水准愈来愈高，十元、五十元、一百元捏在手里都一样是轻飘飘的，哪里像我们小时候，爸爸妈妈各给一块亮晶晶沉甸甸的大银元，外公给十二枚银角子——也就是一块银元。外公说十二枚银角子比一块银元分量重，所以他总是给我银角子。银元角子一起收在肚兜里，走一步，双脚跳一下，叮叮当当直响，好开心啊！晚上睡觉的时候，母亲才把它们取出来，收在一只双仙和合的绣荷包里，绣荷包装不下了，就收在母亲的珠红雕花首饰盒里。收着收着，就不记得有多少了。到来年，打开首饰盒，一块银元也没有了。母亲说替我存入银行，供我长大上外路读书。那日子还远得很，我只要母亲给我肚兜里留几块银元与角子买鞭炮就够了。

我真懊恼，来台湾竟没有保留一块银元。我已记不得十块银元叠起来有多高，五十块有多高。只记得父亲说的，他从故乡赶旱路到杭州读书，草鞋夹在胁下，口袋里就只两块银元，是曾祖父卖了半亩田给他当盘缠的。他已是同伴中最富有的一个了。可见银元对大人们来说，是多么有分量的一笔财产。对孩子们来说，也是多么神通广大的一样玩意儿呢！

外公不但在大年初一给我银角子，整个正月里，他老给。比如我替他通旱烟管，通一次就是一枚银角子，装一次烟是一个铜板。外公常常讲一些陈年故事，讲了又讲，我都听厌了。我说："外公，我听一遍，你得给我一个铜板。"外公连说好，于是我就黏着他赚钱。我有个在城里念女子中学的四姑，她会用五彩毛线钩手提袋。她给我钩了个小钱包，分两层，一层放角子，一层放铜板。有一天，大门口叫卖桂花糕、烂脚糖（四四方方，当中圆圆一块黑豆沙像膏药，乡下人叫它烂脚糖）的来了。我正牵着小表弟在玩，为了表示做姐姐的慷慨，我掏出毛线钱包，取出一个铜板，给他买了一块桂花糕。他却嚷着要吃烂脚糖，烂脚糖得两个铜板，我有点舍不得。正犹疑着，我怕得像见了老虎似的二妈从大门口进来了。我赶紧把钱包收在口袋里，牵着小表弟就走。小表弟吃不成烂脚糖就大哭起来。二妈走过来，伸手在我口袋里拿出钱包说："哪来的钱？"我说："是外公给的压岁钱。"她说："压岁钱怎么会是铜板？还有，你怎么可以自己买东西吃？你爸爸不是告诉你不许吗？"她把钱包塞在狐皮手笼里，转身走了。这回大哭的是我，因为小表弟已经吓呆了。我抽抽噎噎地把详情告诉外公和母亲。母亲抿紧了嘴唇一声不响，眼中噙着泪水。外公喷着烟，仍旧笑嘻嘻的。我既心疼角子铜板被没收，又有一股受辱的气愤，却不知母亲心里是什么滋味。半晌，外公敲着烟筒说："小春，别懊恼。她拿去就拿去，你会赚。给我端碗红枣桂圆汤来，我再给你一大枚。"我委委屈屈地说："她不该不相信我的钱是您和妈给的。"外公说："她哪儿不相信？她相信的，只因她自己没有女儿，没有压岁钱好给，心里不快乐就是了。"从那以后，我总是老远躲着二妈，不让她看见我开心的样子。我却是纳闷，她没有女儿好给压岁钱，为什么不给我呢？这样的疑问，直到十几年后我长大了才想通。到我不再盼望压岁钱的时候，二妈却每年笑吟吟地给我五块银元。我不得不接下来，接下来说声："恭喜新年。”心里却是凄凄冷冷的，一点儿新年的欢乐感觉都没有。若是她在我小时候，不没收我的毛线钱包，或是高高兴兴地拿两个铜板买一块烂脚糖给小表弟，我将会多么快乐，多么喜欢她。

我有一个小叔叔，吊儿郎当，却是我的好朋友。他比我大好多岁，我对他佩服得不得了。外公也夸他聪明，只是不学好。比如他喜欢吃鸭肫肝，母亲给他偏不要，背地里却去储藏室偷，一偷就是一大串，起码四五个。有时还加一只香喷喷的酱鸭，坐在后门外矮墙边，拿柴火边烤边吃。还叫我替他偷父亲的加力克香烟。叔婆疼我，大年初一，我给她磕头拜年，她从贴肉肚兜里掏出蓝布包，打开一层又一层，拿起一块银元递给我，说：“喏，给你买鞭炮。”母亲不准我拿叔婆的辛苦钱，可是小叔在她后面做鬼脸要我拿，我伸伸舌头收下了。叔婆一走开，小叔叔就说：“我教你一套新戏法，你把一块钱给我。”我马上就给他了，他教了我一套火柴梗折断了又还原的戏法。他拿了银元，去了半天回来又对我说：“再借我一块钱，我去捞赌本，赢了加倍还你。”我口袋里只放两块银元，借了他一块，只一块就不会叮叮当当地响了。我打算不借他，他说不跟我滚铜子儿玩，不陪我看庙戏了，没奈何我又借了他。第二天他回来对我摊摊手说：“运气不来，以后再还你。”却从口袋里摸出个大橘子给我，说是庙里供菩萨偷来的，吃了长命百岁。我把橘子使劲扔进水沟里，又把剩下的一块银元和一些角子统统抓出来，捧到他鼻子尖前面，大声地说："你拿去赌，把它们统统输光好了，就赌这一次，永远别再赌了。"他吃惊地望着我说："小春，你生我的气了。"我说："我气你，叔婆也气你，我外公和妈都要不喜欢你了，你老做坏事情。"他坐在台阶上，从泥地上捡起一片烂叶子说："我就像这片烂叶子，飘掉了，树上也看不出少了一片叶子。"我说："你为什么不做长在树上的青叶子呢？"他望了我半晌说："好，你就再借我一块钱，我去还了赌债，从此不赌了。"他拿了我的钱，十分有决心地走了。可是一去四五天不见，直等有一天长工把他背回来，他的脖子挂在长工肩膀上荡来荡去，像一只被宰掉的鸭子，醉得一点知觉没有。叔婆见了他就哭，我也哭。我不是心痛压岁钱，而是心痛他说了话不算数。从那以后，他再对我自怨自艾、赌咒发誓，我都不信了。后来我去了杭州，寒假回家，看见他还是那副吊儿郎当的样子。彼此都长大了，距离也远了，好像没什么话好谈。他给我提来一篓红红的橘子。我问他都干些什么，他说给人打点零工，写写春联。他凄惨地笑了一笑说："你出门读书以后，我就没处拐压岁钱了。"我听了心情黯然，却又找不出话安慰他。他又叹息地说："我终归是一片烂叶子，谁也没法把它粘回到树上了。"

母亲的一个朋友，我喊她二干娘。她排行第二，三十岁还没结婚，所以大家背地里都喊她三十头。母亲却非常敬重她，说她孝顺、俭省、勤恳。为了风瘫的父亲，宁可让姐妹们都一个个结婚了，自己终身不嫁，当护士挣钱侍候老人。她真是好俭省，热天里老是一件淡蓝竹布单衫，冷天里老是一件藏青哔叽旗袍，头上戴一顶黑丝绒帽子，把个鼓鼓的发髻包在里面，看上去好老气。可是她长得细皮白肉的，眉毛好长好长，眼睛很亮，见了人总是笑眯眯的。我很喜欢她。她每年新年来拜年，总是给我一块银元压岁钱。可是有一年，她只给我一包用花纸包着的糖，没有马上摸出压岁钱来。我特地给她摇摇晃晃地端上一盏红枣莲子汤。她用小银匙挑了一粒莲子，放在嘴里，然后打开扁扁的黑皮包，取出手帕来抹了下嘴角，还是没有拿出压岁钱来。我靠在母亲身边，眼巴巴地望着她，对于一包糖，我是不够满足的。坐了一会，她起身告辞了。我忍不住跟母亲说："妈，她还没给我压岁钱呢！"母亲使劲拧了我一把，她却仍是笑嘻嘻的，好像没听见。等她走出大门，我也不由得喊了她一声："三十头，小气鬼。"

很多年后，有一个正月，她来我家，还是那件藏青哔叽旗袍，一顶灰扑扑的绒线帽子，压到长眉毛边，帽檐下露出几绺稀疏的白发。三十头已老了好多好多，她不再细皮白肉，两颊瘦削，眼睛也不那么亮了。她见了我，紧紧捏着我的手，问长问短。她告诉我老父已经去世好几年，她仍没有结婚，却领了妹妹的一个孩子来养，伴伴老境。可是最近病了一大场，把为孩子积蓄的学费全病光了。说到这里，她忽然停住了，半晌又叹了一口气说："可惜你母亲不在杭州。"她打开扁扁的皮包，取出手帕擦眼睛。我想起自己小时候骂她三十头小气鬼的事，不由坐到她身边，亲切地说："二干娘，你别心焦，我有点压岁钱，先给你，我再写信请妈寄钱给你。"她抬起婆娑的泪眼望着我说："你太好心了，可是我不能借你孩子的钱，我还是另外去想办法吧！"我已三步两脚上了楼，捧出我的福建漆保险箱，把全部几十块银元都取出来，用手帕包好，下楼来递给了她。她犹疑了好一阵子，却只取了一半说："这就差不多了。"她又凄然一笑说："你小时候，我都没有年年给你压岁钱，现在反而借用你的压岁钱了。你真像你妈，有一颗好心。祝福你妈和你都有好福气。"听了她的话，不知怎的，心里一阵酸楚，想起母亲常常叹自己命苦。她现在远在故乡，过着孤寂的乡居生活，我又因为学业不能去陪伴她，她能算是有福气吗？心里想念母亲，不由得紧紧捏着二干娘的手，牵着她走出大门，灰蒙蒙的天空已飘起雪来。她把帽檐压得更低，拉起旧围巾把身子裹得紧紧的，眼圈红红的望着我说："给你妈写信时，说我好想念她。"她低下头，伛偻着身子走了。雪天的长街好宽阔好冷清。雪花大朵大朵地飘落在她的黑绒帽上、旧围巾上，她一步步蹒跚地向前走去。前面的路还有多长呢？这样冷的天，她连大衣都不穿，在寒风中挣扎。她侍奉完了长辈，再抚育小辈，一生都不曾为自己打算。她好像就没有少女时代，一开始就被喊作三十头。三十、四十只是转瞬之间，她已经老了。她老了，我母亲也老了。而我这个只知道讨压岁钱的傻丫头却长大了。我摸摸口袋里剩下的银元，叮叮当当地发出柔和而凄清之音。童年的岁月，离我很远很远了。

现在，孩子向我讨压岁钱，我给他两张十元新台币，他满足地笑一笑，蹦跳着去买鞭炮了。而我呢？我但愿有一位长辈，给我一块亮晶晶沉甸甸的银元或几枚银角子，让我再听听叮当的撞击之音。

乞丐棋

○
○
○

我不会下象棋，更不会下围棋，却牢牢记得幼年时玩的“乞丐棋”。儿子小时候，我跟他爸爸就时常陪他下这种又简单又有趣的乞丐棋，他总是拍着手喊：“妈妈掉在井里啰，妈妈冻得打哆嗦啰！”

现在让我来说明一下，什么是乞丐棋吧！原来乞丐棋是我幼年时的好朋友乞丐头子三划教我的。三划虽然是个乞丐，做事却有原则、重义气。村庄里大小乞丐都服从他、敬重他。他不准许他们随时随地乞讨，只有在逢年过节时，才可以向大家富户接受金钱、粮食和衣物，然后公平分配。更不可有偷窃行为。一旦发现了就要重重处罚，那个村落就成了贫民村，三划就是村长。他们并不是乞讨，而是大家对他们的乐捐。三划姓王，额上有三道明显的皱纹，所以大家喊他三划。他是我家老长工阿荣伯的好朋友，当然也成了我的好朋友。每逢收成忙月，他就带领年轻小伙子来帮忙，闲月就来陪阿荣伯和我下棋，下的就是“乞丐棋”。

一张粗纸上，用墨炭画个大十字，中间重叠大小两个圈圈就是一口井，东南西三顶端各画一个小圈是三个起点，北面一个四方框是佛殿。玩的时候，三个人各摆一粒豆子在小圈里，每人手心三粒豆子。每人也各默认一组数字：一四七，二五八，三六九。三只手摊开来，加起来的数字是哪一组的，就归哪一个走一步。从顶端走到井边是三步，然后必须掉在井里一下，运气好的，立刻就出来，再向前走到佛殿朝圣。运气坏的会在井里泡好久，碰不上你的数字就一直上不来。这种棋不费脑筋，却非常紧张。每回三划来了，我总拉住他下棋。我最最没有耐心，掉进井里就直嚷：“我好冷啊！我快要结冰啰。”可是越喊运气越坏。因此每次下完一盘棋我就要换数字，一四七输了换二五八，二五八又输了就要三六九；总之，我老是怨数目字不好。其实我也常常赢，但是总是记住输的，怨自己运气不好。

有一次，我的豆子掉在井里好一会儿上不来，我急得直跺脚，三划说：“我掉在井里，你怎么那么开心，你自己掉进去了就这么急，你这个小姑娘良心不好。”我噘起嘴说：“我不要，我就是不能泡水，我怕冷。”三划说：“一个人哪有一辈子都是好运道的？想进佛殿朝圣，就一定得先泡水，泡在水里，得有耐心。三只手心摊开以前，谁也不知道加起来会是什么数字，运气原是很公平的，你不应当抱怨呀。”我没有话可以反驳他，却“恼羞成怒”，双手把棋盘一抹说：“我不和你下了。”三划把脸一沉说：“好，以后永不跟你这个赖皮猫下棋了。”他狂喷着旱烟气冲冲地走了。这下我急了，大喊：“三划，我下回不敢了。”可是他已走得老远。阿荣伯说：“你放心，他明天就会来的。”第二天，他真的来了，手里提着一筐山楂果，向我一晃说：“小春，这回和你赌山楂果，你掉在井里，我和阿荣伯多走一步，就拿给你十粒山楂果，这该公平了吧！”我抬眼看他额角上三道皱纹笑得好深，好慈爱，双手抱住他的手臂弯说：“三划，我再也不做赖皮猫了。”他说：“这样才是好孩子。要知道，一个人做什么事都要细心思忖，做错了要认错，耐心地改正，不能够只是抱怨自己运气不好或者是怪别人的。越是心平气和，越会有好运气呢！”我一直记住三划说的话，所以也一直不会忘记他和阿荣伯陪我下的乞丐棋。

下雨天，真不好

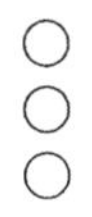

我原是个非常喜欢下雨天的人。很多年前，就曾写过一篇小文《下雨天，真好》，怀念小时候雨天里许许多多好玩的事儿。如今已偌大年纪了，每逢下雨天，心头就溢漾起童年时的温馨欢乐。而且在下雨天，我读书与工作的效率也似乎比较的高。

我的书房后窗，紧邻一家眷舍，每逢下雨天，“哗哗哗”的牌声即起，杂以惊呼声、抱怨声，声声入耳。起初很厌烦，这种噪音妨碍我工作情绪。渐渐地我习以为常。觉得雨声与牌声相和，加上我自己家地下室蓄水池不时传来“叮叮咚咚”的滴水声，确实给人一份静定的感觉。我曾自嘲地作了两句打油词：

“幽斋何事最宜人？听水、听牌、听雨。”也算是附庸风雅的自我陶醉吧。

今年开春以来，天气有点反常。从农历春节直到现在，真个是“十日九风雨”。连打过雷以后，雨仍绵绵不断。按照气象预测该放晴的日子，太阳却只露一下脸就躲回去了。害得有权威的气象专家，都手足无措，没了主意。在气象预报时，都不便作十二分肯定的断语，而要保留地加上个“可能”或“希望”的口气，以免受到社会大众的责难。据说梅雨季还没来临呢！如果这个“非梅雨”再继续下去，就跟“梅雨季”连上了，那才真要感叹“今岁落花消息近，只愁风雨无凭准”了。

下了这么多日子的雨，连我这个“爱雨人”也不免要说一声“下雨天，真不好”了。这岂不是“种了芭蕉，又怨芭蕉”的反复心理吗？想想做天公的，若要迎合下界凡人心理，该有多难？

其实呢，我一点儿也不腻烦下雨天，雨下得再久，我都不忍心抱怨。我之所以要说“下雨天，真不好”，还是因为想起小时候，雨天带给大人们的种种困扰。

先说农家晒谷子吧，就希望一连几个大晴天，千万别下雨。好容易把一簟簟的谷子摆开来，用竹耙子耙得匀匀地，若忽然一阵大雨来临，那许多簟的谷子，千万双手都来不及收拨，就只好把簟子折过来一半，盖住谷子。可是雨一直不停，眼看谷子都渐渐湿透，一粒粒从篾簟边漂出来。我站在廊下愣愣地看，心里也有点着急，因为母亲直念："菩萨保佑，雨不要再下了，不要再下了。"老长工阿荣伯就直叹气，却又不敢抱怨天，因为怨了天，只怕想要雨的时候，雨又不来了。谷子泡得那么湿，就只好堆在两边走廊上。每天早上只要一出太阳，就一箩箩挑到广场上晒，下午一听到雷声就赶紧收。有时乌云密布一阵，待把谷子都收进去了，忽又云开见日，似乎天老爷也喜欢和农夫们开个小玩笑，捉弄他们一下。在这样把谷子挑进挑出，收收拨拨的忙碌中，我这个淘气的小人儿，心里反而很兴奋，只是不敢说出来就是了。每回帮阿荣伯把谷子耙开来时，都要仰着脖子看看天色，再问："阿荣伯，下半天会不会下雨呀？"阿荣伯很生气地说："不要多嘴，去跟你妈妈念《太阳经》去。"又叹一口气说："这样湿的谷子，一连晒十个日头都不会干。"偏偏地只要下一个阵雨，就会连下三天。谷子堆在廊下，就渐渐长霉菌了。霉菌是绿色的，包在谷子外面，像一粒粒的绿豆，阿荣伯就趴下去把它捡出来，否则就会越长越多。这件工作，我自然是最最喜欢的。就请来左邻右舍的小朋友，一起来捡霉菌。母亲却称它为“诀”，捡出来一钵钵的诀，母亲都舍不得扔掉，而要送给鸡鸭吃。她说诀就是酒料，是补的，鸡鸭吃了会多生蛋。

“捡诀”实在是件好玩的事，我们一大群孩子，在谷子堆里名正言顺地爬来爬去，比赛谁捡的诀最多。诀越多，捧给母亲和阿荣伯，他们越发愁，我们却越开心。觉得下雨天究竟是好玩的，因为谷子会多生诀呀！

至于父亲呢？他不像母亲那样关心谷子的事。他关心的是书。书要赶在三伏天太阳最猛烈的时候晒，可是三伏天偏偏又是阵雨最多的日子。父亲是个读书人，又在外面做官多年，对于农家“早晚看天色”的经验是没有的。所以一到要晒书的日子，就要问母亲或是阿荣伯，今天天气如何？母亲就得意地念起来：“早上云黄，大水满池塘。晚上云黄，没水煎糖。”意思是说，大清早太阳出来得太快，把云都照得黄黄的，反而会下雨。下半天太阳下山了，如果满天都是金黄的云，第二天一定是个大晴天，父亲就可以晒书了。

晒书可是件大事哟。篾簟要打扫得干干净净，地上有一丁点潮湿都不行。所以头天下过雨，第二天就不能晒书。要晴过一整天以后，大清早天上一丝儿云影都没有，热烘烘的太阳，都晒得水门汀和石板地烫得冒烟了，才能把书搬出来，一本本平铺在篾簟上。再压上一条条特制的木棍，以免被风吹动。晒一阵子，就要翻一面。在如炙的烈阳下，就是戴着笠帽，蹲起蹲下的，也是汗流如雨。这件辛苦的工作，哪里有站着一点不吃力地用竹耙耙谷子好玩！所以我总是尽量地躲开，能不被抓差最好。长工们一听说老爷要晒书了就头大。因为旷场要他们打扫，竹簟要他们背出来摊开。搬书出来的事倒不归他们，因为他们不认得字，父亲怕他们会把卷数次序搞乱。可是万一下起阵雨来，却非他们腿长手快的不可。所以晒书的日子，长工们更怕下雨。他们边搬边问我父亲："老爷，这些都是什么书呀？您这样宝贝。"父亲说："都是经呀，有的是菩萨的经，有的是圣人的经。"他们不大相信地说："什么'金'呀，买不了田地，当不了饭吃，年年晒一通多麻烦！菩萨有灵，就该保佑晒书的日子不下雨才好。"说得父亲哈哈大笑。

长工们都认为阿荣伯和照顾花木的阿标叔都是半个"读书人"，常常拿起《三国演义》来一个字一个字地念，念不来的字跳过去，意思还是有一点点。所以总是怂恿阿荣伯和阿标叔多帮着晒书的事。父亲也确是信托勤恳负责的他们俩。他们照着我老师的指点，谨慎小心地把书一摞摞搬出铺开来。我呢？怕晒太阳，多半坐在廊下石鼓上，合掌念《太阳经》。念一卷，抬头看看天。只要一看见云层有点厚起来，云脚长毛了，就连声喊："要落雨啰，要落雨啰。"一种唯恐天下不乱的心理。大我四岁的二叔是个书背得很多，满腹经纶的"小先生"。晒书的时候，他倒是真有兴趣，在旁边走来走去。拿到什么书在手，他都会讲一点书里面的故事，或是写书人的来历，我们都听得津津有味。说到怕下雨，他忽然就琅琅背起苏东坡《喜雨亭记》来。这是老师刚教过我的，我只记得几句："五日不雨可乎？曰，五日不雨则无麦。十日不雨可乎？曰，十日不雨，则无禾。无麦无禾，岁且荐饥……"父亲听见就笑嘻嘻地说："别念别念，雨要被你念来了。"二叔轻声地说："大哥是个四体不勤，五谷不分的读书人，所以只关心书，不关心稻谷。"我们都缩着脖子笑个不停。可是只要父亲一声令下"收书"，我们就赶紧全体动员，随着父亲和老师后面搬书。他们还要在书页里撒樟脑粉，书橱里摆樟脑丸。十几书橱的书，统统晒完要花好几天，真是又累又紧张，我心里宁愿下雨，就不要晒书了。

如今想起来，那么多的书，都不懂得要用功去读，等到想要读的时候，书已非我所有。大晴天晒书的情景，都只是追忆中的前尘影事了。

在我童年生活中，真真不希望下雨的只有一天，那就是我的生日，我的生日正是台风季节。平时一逢有台风，我就兴奋地问大人："大水什么时候才涨到我们家后门口呢？"只有我生日那天，我要拜菩萨，保佑不要下雨。一下雨，母亲就不让我穿新衣服，唱《鼓儿词》的先生就不会来，小朋友们也不会来吃我的"长寿面"了。最糟的是老师只答应晴天才放我"生日假"，下雨天就照常上课。所以"晴天的生日"，对我是多么重要啊！可是我的生日，多半都在风雨中过去。想起母亲的愁风愁雨，是为了谷米的收成，为了牲畜的安全；而我的愁风愁雨，却是为自己的玩乐。

回首童稚无知岁月，老去情怀，于悲喜参半中，倒不如"也无风雨也无晴"，岂不更好呢？

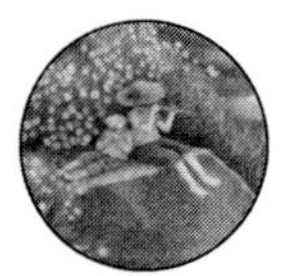

儿时不再

○
○
○

每回看《我爱大自然信箱》，小朋友们问杨平世老师有关生物的各种问题，马上觉得自己也会缩小回去，缩至六岁那么小，只想高高举起手来喊着问："老师，我有一个问题，蚂蚁会不会打喷嚏？""老师，我还有一个问题，蚯蚓长大了，会不会变成蛇呢？"

我为什么会想起这样古怪的问题呢？是因为我小时候生长在乡间，每天趴在泥巴地上，数着蚂蚁爬来爬去。有时一阵大风吹来，觉得好冷，会打喷嚏，想想蚂蚁那么小，会不会怕冷，也打喷嚏呢？我问外公，外公总是点头说："会的会的。"却又说不出个道理来。至于蚯蚓呢？那是我最怕的虫类。那样子好丑、好腻味，可是外公说蚯蚓在泥土里打洞，把土打松，好吸收雨水，是益虫。又说蚯蚓命大，是“小蛇”。蛇呢？命更大，是“小龙”。我的生肖又偏偏属蛇，不可同类相残。

我还有个问题也想问老师：“过新年，百脚蜈蚣妈妈要给它的三个儿子、两个女儿做新鞋，它竟然一口气要做多少双呢？”那时候人类都还没有家庭计划观念。虫儿更不会有，所以蜈蚣妈妈生了一大堆儿女，好辛苦啊。

当然最后这个问题应该问数学老师的。又有一次，我忽然心血来潮，写信到儿童信箱问一个问题：“蜘蛛听不听得懂人唱歌呢？”我问这话是有原因的。就是那个星期六早上，我在院子里看见一只小蜘蛛爬得好快，想从我脚缝中逃走，我立刻把脚移开，生怕踩到它，蹲下去轻轻对它说：“蜘蛛，你别怕，我不会杀你的，你慢慢地爬，爬回洞里去吧。你妈妈在找你啊。外面马路上好危险，你得沿着水沟边爬才比较安全呢。”别人一定觉得我是个神经病，蜘蛛怎么懂人语呢？其实是因为我小时候，就是看到母亲常常这样跟昆虫们细声细气地说话的。她除了对苍蝇、蚊子才骂“讨厌死了，打死你”以外，其他的虫儿，都像是她的好朋友。现在我比母亲当年的岁数还大了，可是一想起母亲来，我就变成孩子了。

说也奇怪，我这么喃喃地自言自语着，小蜘蛛竟然停了下来。我真是好高兴，高兴得马上对它唱起歌来，唱一支幼年时母亲教我的歌："虫虫嬉，雀雀飞。虫虫田里吃谷米。雀雀飞上高山吃棠梨。"我一遍又一遍地唱，越唱越开心。再没想到那只小蜘蛛居然转过身来，把脸对着我，两只前脚凌空举起来一动一动地像在舞蹈，嘴巴也一动一动的。它一定是听懂了我的歌，它也高兴起来了。我这一乐真是非同小可。心里想，不管这是不是偶然的巧合，至少蜘蛛也有第六感，它感觉得出来，这个人没有害它的心。空气中荡漾的一定是一种温和的音波，而不是急速的拍打所引起的剧烈震荡，所以它也安心地欣赏起我的歌儿来了。

和蜘蛛"珍重道别"以后，回到屋里，我就写信去儿童信箱问这个问题。杨老师给我回信说："不能确定蜘蛛是不是听得懂人唱歌。但你所想的多少也有点合乎科学的道理。"这些回答，让我获得不少智识，也解答我不少疑问。尤其是他们的有奖征答，想出来的问题是那么的生活化，却是我们时常忽略的，或是想知道而无法知道的。经他们一问，我也只想猜猜看，如果我只是六岁的两倍——十二岁的话，我一定会应征回答，可

“

我双膝跪在软绵绵的蒲团上，眼睛注视着香炉里升起的袅袅青烟，想着每天清早随妈妈并排儿跪着念经拜佛时，妈妈一脸的虔诚，使我有一份说不出的安全感。

“

外公的厚棉袄里，散发出一阵阵的味儿，暖烘烘的，好好闻，闻着闻着就安心地睡着了。

惜我已经是六岁的十一倍，没有资格了。想想光阴是多么宝贵的东西，一被它跑掉，就再也追不回来了。我只想缩小回到六岁的幼年，却是再也缩不回去了。

尽管我已是六岁的十一倍，却不是个哈腰驼背、呵欠连天的老太太。我走起路来，健步如飞（在初中时竞走第一名）；吃起东西来，冷的热的，炸的炒的，甜酸苦辣的，样样都爱吃，嘴馋嘛。讲起幼年的故事来，那真是有一大箩筐，没完没了哩！

如果我能细心、耐心地从百忙中挤出时间一个个地写，那该多么好呢？

第二辑

童年：粽子里的乡愁

外公的厚棉袄里，散发出一阵阵的味儿，暖烘烘的，好好闻，闻着闻着就安心地睡着了。

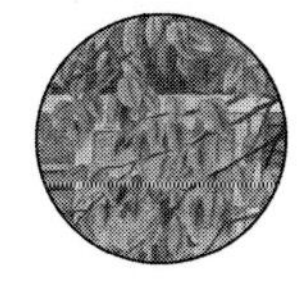

爷爷的味儿

○
○
○

十岁的侄孙望着窗外远处，忽然若有所思地说：

“好久好久没有闻到爷爷的味儿了。”

“爷爷的味儿？”我没听懂他的意思。

他奶奶解释道：“他在想念他的爷爷啦，因为他从小喜欢钻在爷爷怀里睡。爷爷爱用粗肥皂洗澡，所以有一股子味儿。”

“原来如此，”我就问侄孙，“爷爷的味儿是什么样的呢？”

“好好闻啊，暖烘烘的，有点香，也有点臭。”

“那你快写信去催爷爷来嘛。”

“我写啦，但是爷爷好差劲，都不回我信。奶奶说他太忙了，说他是个科技专家，还被请到俄罗斯去商谈技术合作呢。奶奶说西伯利亚好冷好冷，爷爷睡在被窝里，是不是还有那股子味儿呢？”

他胖嘟嘟的圆脸，一对乌黑的眼神中，看出他是多么想念远在地球那一边中国大陆的爷爷啊！

爷爷的味儿确实好温暖，我也想起自己幼年时，爷爷去世太早，是由慈爱的外公牵着我小手长大的。外公是种地的农夫，高高瘦瘦的个子，四肢灵活，走起路来，健步如飞。他每年腊月都来我家过年，背上背一个大布袋，里面是他自己做的百果糕和山楂果，命妈妈祭了祖先灶神后再分给孩子们吃，保佑我们长命百岁。外公一来，就叫老师放我年假，那半个月，是我一年中最快乐的日子。坐在外公怀里，听他讲那些讲了几百遍的故事。外公的厚棉袄里，散发出一阵阵的味儿，暖烘烘的，好好闻，闻着闻着就安心地睡着了。外公说自己是吃山薯长大的，所以身上有一股子山薯的香味。他爱喝酒、喝茶，所以又有酒香、茶香。妈妈说外公长年不洗澡，因而还有一股子汗香，外公听了张开缺牙的嘴呵呵大笑，笑起来更有一股子旱烟香。但他抱着我的时候是不抽烟的，生怕烫到我。

如今回想起来，外公的各种味儿，不也就是侄孙想念的

“爷爷的味儿”吗？

外子每回听侄孙念着爷爷，就会想起他弟弟幼年时活泼顽皮的神态。年光飞逝，如今那顽皮孩子都已做了爷爷了。我们两次回大陆，都与他相见畅叙。他虽也已两鬓飞霜，而手足重逢，欢慰中仍显露出一脸的纯真憨态。他兴高采烈地对他哥哥说着他的工作计划，一停下来却就拍着膝头“呢呢唔唔”地念起来：“我的小白猪，我可爱的小白猪。”因为他白胖的孙儿是属猪的，我对他说：“小白猪好想念你啊！你的小外孙女也好想念你啊！快快结束你的工作，到美国去一家团聚，让小白猪和小外孙女多闻闻爷爷的味儿吧。”

他笑咧着嘴说：“可不是吗？尽管我那小外孙女儿爱干净，我还是要搂着她，让她皱起眉头，闻闻爷爷的味儿呢！”

对着他那一脸笑逐颜开的神情，我不由得想象他童年时的天真憨态。他们兄弟俩，是不是也爱投在爷爷怀里，闻爷爷的味儿呢？

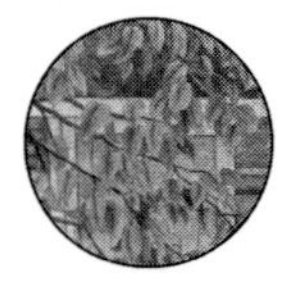

尝　新

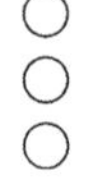

“尝新”，一看字眼，就知道是尝尝新鲜东西是什么味道的意思。想想这是多么快乐的事儿呀！而尝新正是我故乡农村社会的可爱习俗。故乡的谷子收割分两季，六月的早谷和九月的晚谷。早谷中有一种是红米谷，少而名贵，在早谷收成以后，要拿这种红米谷煮出饭来，先供神佛和祖先，感谢他们在天上对我们的祝福，然后请左邻右舍来一同庆祝丰收，尝尝新鲜的红米饭。每年一到尝新时节，家家户户，就像办喜事似的，老早就相互邀约起来：“胡公公，明天是好日子，请到我家来尝新啊。”“李大妈，大后天也是好日子，可得轮到我家啰！”无论贫家富户，尝新酒是一定要请的，这表示你一年里勤勤恳恳的成果。无论哪一家请，都少不了有我，因为我是被全村庄宠坏了的“小不点”。

每年只要看长工们开始忙割稻，我就仰起脖子问：“阿荣伯伯，我们哪一天尝新呀?”阿荣伯伯咧着嘴，露着两个黄黄的大门牙说：“稻子都还在田里，早得很哩。你得先帮我们去拾穗子，帮我们摊晒谷簟。阵雨来时，得帮我们抢拨谷子，小孩子要跟大人一样的做事，哪有坐在矮板凳上等吃现成的?”我拍着双手说：“我知道，我知道，我真高兴，我快乐得都要爆裂开来了。”我最最喜欢说自己快乐得爆裂开来。这是妈妈常常说的话。她说树上的果子爆裂开来，玉米在锅里爆成一朵花，芝麻球在油锅里裂开嘴笑，都表示它们好开心，快乐得爆裂开来了。阿荣伯在土里捡起一串穗子给我说：“你看谷子也快乐得爆裂开来了。”

到田里拾穗子是我最喜欢做的事，一个大竹篓绑在腰上，从泥土里捡起一串串饱满的穗子往里丢，装满一篓再一篓，捧给长工叔叔，他们总要夸我一声“拾得真多，妈妈一定给你多吃块灰汤糯”。

啊呀，想起灰汤糯，我的口水都要掉下来了。什么叫灰汤糯呢？原来那是我家乡一种特别的米糕，是妈妈的拿手点心。

灰汤糯是用早谷的红米粉做的。其实红米是硬米（就等于这里的在来米），只是因为加了一点碱，吃起来香香软软的像糯米。碱并不是现在菜场的方块碱，而是把早稻秆烧成灰，拿开水一泡，淋下来的热汤中就含有碱质，而且带有稻子香。只要和半碗在红米粉里就够了。所以叫作“灰汤糯”，一见灰汤就变糯的意思。灰汤糯的颜色就像巧克力糖，吃它几十个也不会撑肚子，好好吃啊。早稻灰泡出来的碱水汤，也可以做碱水粽子，又可以洗厨房的油腻，去污力比今天什么牌子的清洁剂都强十百倍呢。旧日农村，就是这般俭省，没有一样东西不是好好利用的。

早谷收成，红米舂出来，灰汤糯也蒸了，母亲就要眯起近视眼翻黄历拣个大吉大利的日子祭祖，请邻居亲友来尝新。我们家的尝新酒总是最晚的，因为母亲喜欢客人来得多，客人来得越多，吃得才越热闹。所以要尽力避开和别家冲突的日子，母亲总是说：“可别重忙啊！”“重忙”就是和人家的节目排在一天的意思。如今是工业社会，大家都忙得团团转，有人一个晚上应酬赶三场，要想不重忙还真不容易呢。

尝新酒席上，除了红米饭、灰汤糯，还有茄松，也是母亲的拿手菜，我最贪吃的点心。那就是把茄子切成丝，和了鸡蛋面粉与糖，在油锅里一炸，松松软软，也是好好吃哩。

今天我固然可以依照母亲的食谱炸茄松，但哪有香喷喷的红米粉和新割的早稻秆做“灰汤糯”呢？

我好想念小时候那段快乐得爆裂开来的好日子啊！

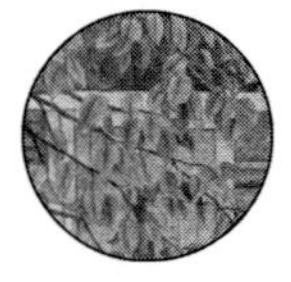

看咸鱼

谁都知道，咸鱼是一种用盐腌过的鱼。切一小段，加点肉末一起蒸，或是用油炸一下，喷上糖醋，都是非常可口下饭的好小菜。我从小最最喜欢吃咸鱼了。节省的妈妈，总特地为我腌条大黄鱼，一小段一小段的用肉末蒸给我吃，一条大黄鱼，得吃上个把月呢。我每回都把又香又鲜的黄鱼、肉末和卤子都吃得光光的，剩下一段鱼的背脊骨在碗里。妈妈还要夹起来，放在嘴里啜呀啜的，还说鲜味都在骨髓里哩。

外公看妈妈啜得那么有滋味，他喷着旱烟说："小春呀，你不省点咸鱼给妈妈吃，吃太多了小心喉咙呴着哟。"

妈妈也笑笑说："可不是吗？下回只许她一顿饭吃半块了。"外公说："半块都太多了，下回只许她看咸鱼，不许她吃了。"

"怎么叫看咸鱼呀？"我奇怪地问。

"看咸鱼呀，让我讲给你听。"外公讲故事了：有对小兄弟，家里很穷，平常从来没有鱼吃。有一天，爸爸好容易捉到一条大鱼。妈妈就用盐把鱼腌了，挂在屋檐下。孩子们吃饭时，桌上光光的没有一样菜。妈妈对他们说："儿子呀，你们有一条咸鱼下饭了。咸鱼就挂在你们眼前，你们俩挖一口饭，抬头看一下咸鱼，就把饭咽下去。"弟弟很听话，吃一口饭，看一眼咸鱼。哥哥却一连看了两眼才挖一口饭，弟弟喊着告状："妈妈，哥哥看了两眼啰。"妈妈说："你别管哥哥，哥哥不乖，多看一眼咸鱼，吃得太咸了，喉咙会响着。"

看咸鱼都会响着，我听得笑弯了腰。妈妈说："这是穷人家的笑话，你该知道穷家孩子连一条咸鱼都舍不得吃，只许看看来下饭。你一大块咸鱼一顿就吃得精光，比起他们不是太享福了吗？"

我偏着头想了半天，想想那一对小兄弟，一定是并排儿跪在长板凳上，伸着脖子眼巴巴地看着咸鱼，直咽口水，心里好难过，我说：

“妈妈，明天我也要看咸鱼吃饭。”

“好，”妈妈说，“我也给你在窗口挂条咸鱼。也不许看两眼哟！”

我咯咯地笑了半天说：“但是，我不要挂着的咸鱼，我仍然要肉末蒸的咸鱼，摆在桌上让我看。”

外公大笑说：“那就让你闻一下，挖一口饭吧！”

第二天，妈妈照样给我蒸咸鱼，我趴在桌子边上，又看、又闻、又吃，仍然只剩下一段鱼背脊骨。妈妈仍然放到嘴里啜，一点也没怪我。

到今天，我还是爱吃肉末蒸咸鱼。每回把它端上桌子，总是闻上好一阵子，立刻觉得胃口大开。

如今我们家家都这般丰衣足食，大家讲究多吃菜，少吃饭。这道咸鱼蒸肉的下饭菜，一定上不了营养专家的食谱。可是我就是爱咸鱼。我吃着、闻着、看着，好像外公和母亲就坐在我身边，笑眯眯地看我大口大口挖着饭，吃得津津有味呢。

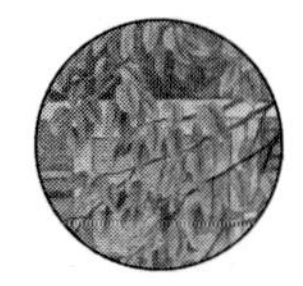

吃大菜

〇
〇
〇

我家当年有个厨子叫胖子老刘。他忠心耿耿服侍我父亲，每天都要变花样，烧不同的菜给父亲开胃。可是父亲还是常常要换换口味，到馆子里去吃西餐。那时“西餐”叫作“大菜”，老刘就很不服气地说：“洋人吃的就叫大菜，难道我们中国这样又名贵又好吃的菜，反倒是小菜吗?”母亲说：“番人长得人高马大，吃的东西都是一大块一大块的，就叫大菜。我们是慢功夫切出细细巧巧的菜，叫小菜，你就别生气啦!”

我并不喜欢吃西餐，直到今天，每逢吃西餐或自助餐，看见“大块文章”，肚子先就饱了。但是小时候，能够由大人带着出去吃馆子，总是挺新鲜的。偏偏母亲是从不上馆子的，因此我就很少有机会享受一顿吃馆子的豪华。偶然父亲兴致来了，带我出去吃的都是西餐。我除了喝几口浓浓的或清清的汤，啃一片面包，就眼巴巴等待最后那杯甜甜的咖啡加牛奶（那时还没布丁与冰淇淋呢），然后偷偷抓几粒方糖放在口袋里，回到家里都碎了，弄得口袋黏黏的，还被最疼我的金妈怨一顿说："家里的糖霜有多好，要去拿那种洋糖块！"

父亲的好友许伯伯有次从北平来了。他是衔烟斗、喝洋墨水的美国留学生，想来一定是喜欢吃西餐的，没想到他对我说："小春呀，带你去西湖楼外楼吃醋熘鱼去！"真把我乐得一跳半丈高。那次，我一个人吃了半条鱼，却是乐极生悲，鱼骨头卡在喉咙里，明明痛得要命，却不敢声张，生怕下回不带我来了。回到家，母亲与金妈手忙脚乱了一大阵，总算把鱼骨送下去了。母亲说："看来你还是跟你爸爸去吃大菜吧！大菜里没有细细的鱼骨头。"我心想，宁可被骨头卡得痛，也不要吃大菜。

我对大菜印象不好的原因，是吃的时候规矩太多。有一年父亲心血来潮，带我这小不点上莫干山避暑，住在"菜根香"那么洋里洋气的旅馆里，进餐有一定的时间，还得穿得整整齐齐的。坐定以后，说话不能大声，眼睛只能看着自己的菜，不能东张西望。刀叉不可敲到盘子，发出叮叮当当的声音来，喝汤时，颈子要伸得直直的，汤匙举得高高的往嘴里送，好累啊！父亲说，如把头伸到盘子边去喝汤就像猪狗吃东西，真气死我了。刀叉究竟要放在左边还是右边也搞不清，哪一块面包是我的也搞不清。在屋里，父亲先给我仔仔细细上了一课，到了餐厅一看洋人那么多，就慌了。一顿西餐吃完，回屋来肚子还是空空的。再偷偷到附近小店去买葱煎包来吃，多香呀！父亲笑我究竟是乡下出身的“土香菇”。我宁愿做一辈子土香菇，就是洋不起来；对所谓的“吃大菜”，尤其倒胃口。

最不巧的是，在学校里如犯了过错，被训导主任或级任导师郑重地训斥一顿，也叫“吃大菜”。那顿大菜可就更不是味道了。我是个胆小如鼠的人，犯错的事儿还不多，倒也很少吃大菜。

有一次上课心不在焉，被化学老师（我最怕的人）叫起来，上去写方程式“吊黑板”，那滋味跟吃大菜一样的难受。情绪低落地回到家中，刚一跨进大门，却见胖子老刘大声对我说：“大小姐，二太太要请你吃大菜。”我吓了一跳，悄声地问：“她为什么要骂我呀？我做错了什么呀？”我心里想的还是学校里的“大菜”。老刘说：“怎会无缘无故骂你，老爷与二太太要带你去吃大菜。最最贵的西餐呀！”我连连摇头说：“我不要吃大菜，我要告诉爸爸我不去。”可是老刘说：“你不能说不去哟，今天是二太太生日，你爸爸一团高兴才带你去的啊！”

我默默地走向自己的房间，却看见母亲在后廊檐下，就着傍晚微弱的阳光，眯起眼睛，专心地用眉毛钳子夹去燕窝上的绒毛。燕窝已经用水发开，大大的一碗，这样夹绒毛要夹多久啊！那是给爸爸晚上喝了进补的。

回头正看见父亲笑盈盈地走来，对我说：“小春，爸爸和二妈带你去吃大菜，湖滨大饭店，新开幕的。”

我看了一下低头专心工作的母亲说：“爸爸，我不去好不好，我头很痛，今天化学题做不出来，老师要我明天再做一遍。”

父亲没有作声，在粉红色的斜阳里，父亲的满脸笑容，使我只想上前拥抱他，但我没有那样做，因为我不想去吃大菜。父亲没有勉强我，就自顾回书房去了。我心里有点失望，有点抱歉，却又有点莫名其妙的生气，生谁的气呢？是生自己的气吧！谁叫我那么笨，化学方程式背不出来，在课堂上丢面子。

从厨房的玻璃窗里，我和母亲目送父亲和二妈并肩往大门走去，父亲体贴地为她披上狐皮领斗篷，一定是双双跨上马车走了。

老刘走进厨房，摸摸光头说："我给老爷做了冬笋炒鱼片，他不吃，要去吃大菜。大小姐，你真的不去呀！"我说："规矩太多，烦死了，我不要吃大菜。"母亲淡淡地笑了下说："大菜也好，小菜也好，吃就要开开心心地吃，才有味道。"我顽皮地说："妈妈，今天我在学校里已经吃了一顿大菜了。"母亲奇怪地问："哦，学校里怎么会有大菜给你吃呢？"我咯咯大笑说："那是老师给我们吃的，大家都好怕吃大菜，吃大菜就是挨老师的骂呀！"母亲也笑了，说："老师骂几句不要紧，老师要你好啊！"我噘起嘴说："我宁可吃老师的大菜，也不要吃今天湖滨大饭店的大菜！"

母亲一声不响，只慢条斯理地端出一碗香喷喷的干菜焖肉，一盘绿油油的虾米炒芥菜，加上老刘的冬笋炒鱼片。我们三人，享受了一顿最最好吃的"小菜"。

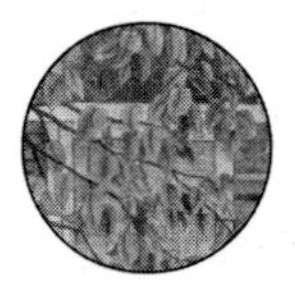

头发与麦芽糖

○
○
○

每回梳头发梳得不顺心，梳到右边偏偏翘向左边时，就直想拿把大剪子，“咔嚓”一下，把一绺不听话的头发剪下，也马上想起满口甜甜软软的麦芽糖来。

麦芽糖跟头发有什么关系呢？是我贪吃麦芽糖，把它粘在头发上了吗？不是的，是因为小时候，我常常剪下头发换麦芽糖吃的。

每回听到卖糖的“咚咚咚”地摇着拨浪鼓来了，我就急急忙忙跑到后房，在母亲堆破烂的篾篓里掏，掏出破布、蜡烛头、旧牙刷、玻璃药瓶等，塞在口袋里，再急急忙忙跑到后门口，统统捧给卖糖的老伯伯。他一样样当宝贝似的收下，然后用小铁锤在刀背上一敲，割下一片麦芽糖递给我。糖薄得跟纸似的，一放进嘴里，就贴在上颚的“天花板”上，我让它慢慢融化，眼前总是盯着那一大块圆圆的糖饼，舍不得走开，看他竹箩里塞满了乱七八糟的东西，都是用糖换来的。有一天，我问他：“伯伯，你要这些东西做什么？”

“换钱呀！都是有用的东西啊！破布可以做拖把，搓绳子，蜡烛头也可以熔开来再做蜡烛，玻璃瓶卖回工厂去。”他摸摸我的头说，“头发和猪毛我也要，猪毛做刷子，头发结发网。”

这一下我有主意了。每回母亲梳头时，我都耐心地在边上等，等她梳完头，我就帮她把梳子上的头发一丝丝理下来，用纸包好，等着换糖吃。母亲看我变得这般勤快起来，还直高兴，岂知我是另有用心呢。

可是母亲的头发并没掉多少，要累积好多次才能换来一小片糖。我老是问：“妈妈，你怎么不掉头发嘛？”母亲奇怪地说：“你这个丫头，难道你要妈妈快点老呀？”我连忙说：“不是的啦，是因为……”还是不说的好，怕母亲觉得不吉利，母亲的忌讳是很多的。

于是我想起自己一头猪鬃似的头发，又粗又硬，披到东边，翘到西边，好难看啊。就躲在房间里，对着镜子从里面剪下一撮，再把外面的盖下来，是看不出来的。可是一次次剪得多了，短头发就像茅草根似的冒出来。母亲看到了觉得好奇怪，问我："你的头发怎么了？"我结结巴巴地说："太多了，好痒，剪掉一些。我看二婶也是这样从里面剪的。"她大笑说："傻瓜，二婶梳头，嫌头发太多不好梳，你是小孩子短头发，怎么能这样剪呢？再剪要变成瘌痢头了。"我只好供出来，是为了换麦芽糖吃。母亲想了想说："不能再剪头发，我来找东西给他。"于是找出我小时候的旧衣服、鞋袜等等，包在一起交给我，我好高兴啊！

卖糖的又摇着拨浪鼓来了，母亲叫我把东西给他，自己却又捧了一大碗满满的米，走到后门递给他说："再给找一片，我要供佛。"老伯伯说："小妹妹，这一包东西就很多了，不要米了。"母亲说："要的，要的。这是大米，熬粥给孩子们吃才香呢。"

老伯伯切了三片厚厚的麦芽糖给我们，高高兴兴地走了。母亲望着他的背影说："那点破旧东西能换几个铜板呢？看他好辛苦啊！"

我咬一口糖含在嘴里，另两块捧到佛堂里供佛。想起老伯伯接下母亲那一碗米时，脸上快乐的笑容，觉得嘴里的麦芽糖也格外香甜了。

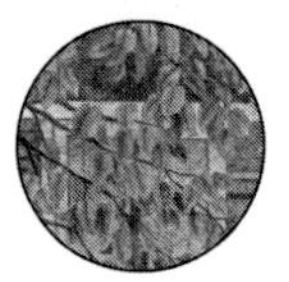

萝卜大餐

○
○
○

好容易买到一个大白萝卜，当宝贝似的，把它分成三段，用不同的方法做来吃。顶部最嫩，切丝用盐腌一下，拌糖醋可当提味小菜。中段切片加虾尾炖汤，清香可口。近尾部切滚刀块煨排骨肉，加葱、姜、酱油和少许的糖，红红香香的，便成了一道可以款待朋友的大菜。

一个萝卜的“三段吃法”，足见在大都市里新鲜蔬菜之难求，不由得使我想起童年时代，青菜萝卜遍地都是的好日子。那时我家后门一开出去，就是一大片菜园。萝卜成熟的日子，小帮工阿喜就带着我拔萝卜，他背个大箩筐在背上，拔起萝卜就往肩膀后面一扔，落在大箩筐里，手势非常纯熟。我力量小，只能提个篮子在后面跟，拣几个小点的萝卜丢在篮子里摇来摇去做做样子。

拔得累了，我们就在溪边坐下来，阿喜拣一个最嫩的萝卜，在溪水里冲洗干净，用犁刀刮去顶部的皮，扳下来给我吃，他自己就连皮啃。他说：“萝卜、山薯的皮，比里面的肉还补，吃了健脾的，才有力气干活儿。哪像你这样娇嫩，脚底心踩到一粒小石子就尖叫。”我听了虽不服气，但也不敢分辩，因为一惹他生气，他就不带我玩儿了。

拔回萝卜，由母亲分类，趁新鲜烧出各种的菜来。加葱姜蒜炒的，加肉煨的，加虾尾清蒸的，凉拌的，满桌都是萝卜，却各有各的味道，那才真正是萝卜大餐呢。

母亲说：“萝卜出，百病除。”用盐腌出来的萝卜水，是治喉痛最灵的药。我常常会喉痛，母亲就要我早上空肚喝一杯萝卜水，还用它漱口。但那股子味道实在不好闻，臭臭的有点像茅坑水。母亲说：“总比要你喝金汁好吧。”原来所谓的“金汁”，就是真正的茅坑水，多恶心呀！居然可以治喉头炎。现在想想，大概就是西药里的金霉素吧！我一想起来就要吐，赶紧想想清香的萝卜水吧。

桂花卤·桂花茶

○
○
○

家乡老屋的前后大院落里，最多的是桂花树。一到八九月桂花盛开的季节，那岂止是香闻十里，简直是全个村庄都香喷喷的呢。古人说：“金风送爽，玉露生香。”小时候老师问我怎么解释，我就信口地说，“桂花是黄色的，秋天里，桂花把风都染成黄色了，所以叫作金风。滴在桂花上的露珠，当然是香的，所以叫玉露生香。”老师点头认为我胡诌得颇有道理哩。

母亲却能把这种桂花香保存起来，慢慢儿地享受，那就是她做的桂花卤、桂花茶。

桂花有银桂、金桂二种。银桂又名木樨，是一年到头月月开的，所以也称月月桂。花是淡黄色的，开得稀稀落落的几撮，深藏绿叶之中，散发着淡淡的清香，似有若无。老屋正厅庭院中与书房窗外各有一株。父亲于诵经吟诗之后，总喜欢命我端把藤椅坐在走廊上，闻闻木樨的清香，说是有清心醒脾之功。所以银桂的香味在我心中留下特别深刻的印象。在台北时，附近巷子里有一家院墙里有一株，轻风送来香味时，就会逗起我思念故乡与亲人。

与银桂完全不同的是金桂，开的季节却是中秋前后。金黄色的花，成串成球，非常茂密，与深绿色的叶子相映照，显得很壮观。但是开得快，谢得也快。一大阵秋雨，就纷纷零落了。母亲不像父亲那样，她可没空闲端把椅子坐下来闻桂花香，她关心的是金桂何时盛开，潇潇秋雨，何时将至。母亲称之为秋霖，总要抢在秋霖之前摇下来才新鲜。因为一被雨水淋过，花香就消失了。不像银桂，雨打也不容易零落，次日太阳一照，香气又恢复了。所以父亲说木樨是坚忍的君子，耐得起风雨；金桂是赶热闹的小人，早盛早衰。母亲却不愿委屈金桂，她说银桂是给你闻的，金桂是给你吃的，不是一样的好吗？什么君子小人的?!

摇桂花对母亲和我来说，是件大事，其忙碌盛况就跟谷子收成一般。摇桂花那一天，必须天空晴朗，保证不会下雨。一大早，母亲就在最茂盛的桂花树上，折下二枝供在佛堂里与祖先神位前，那一份虔敬，就仿佛桂花在那一天就要成仙得道似的。

太阳出来晒一阵以后，长工就帮着把篾簟铺在桂花树下，团团围住，然后使力摇着树干，花儿就像落雨似的落在簟子上。我人矮小，力气又不够，又不许踩到簟子里，只有站在边上看。一阵风吹来，桂花就纷纷落在我头上、肩上，我就好开心。世上有这样可爱喷香的雨吗？父亲还作了首诗说“花雨缤纷入梦甜”。真的是到今天回味起来，都是甜的呢。

摇下来好多簟的桂花，先装在篓里。然后由母亲和我，还有我的小朋友们，一同把细叶子、细枝、花梗等拣去，拣净后看去一片金黄，然后在太阳下晒去水分。待半干时就用瓦钵装起来，一层糖（或蜂蜜）、一层桂花，用木瓢压紧装满封好，放在阴凉处；一个月后，就是可取食的桂花卤了。过年做糕饼是绝对少不了它的，平常煮汤圆、糯米粥等，挑一点加入也清香提神。桂花卤是越陈越香的。

母亲又把最嫩的明前或雨前茶焙热，把去了水汽半干的桂花和入，装在罐中封紧，茶叶的热气就把桂花烤干，香味完全吸收在茶叶中。这是母亲加工的做法，一般人家从我们家讨了桂花，就只将它拌入干的茶叶中，桂花香就不能被吸收，有的甚至烂了。可见什么东西都得花心思，有窍门的。剩下的，母亲就用作枕头芯子，那真合了诗人说的“香枕”了。

母亲日常生活，十二分简朴，唯有泡起桂花茶叶来，是一点不节省的。她每天在最忙碌之时，都要先用滚水沏一杯浓浓的桂花茶，放在灶头，边做事边闻香味，到她喝茶时，水已微凉了。她一天要泡两次桂花茶，喝四杯。她说桂花茶补心肺，菊花茶清肝明目，各有好处。她还边喝边唱：“桂花经，补我心，我心清时万事兴。万事兴，虔心拜佛一卷经。”喝过的茶叶，她都倒在桂花树下，说是让茶花叶都归根。母亲真是通晓大自然道理的“科学家”呢。

杭州有个名胜区叫满觉垅，盛产桂花。八九月间，桂花盛开时，也正是栗子成熟季节。栗树就在桂树林中，所以栗子也有桂花香味。我们秋季旅行时，在桂花林中的摊位上坐下来，只要几枚铜板，就可买一碗热烫烫的西湖白莲藕粉煮的桂花栗子羹。那嫩栗到嘴便化，真是到今天都感到齿颊留芳。林中桂花满地，踩上去像踩在丝绒地毯上。母亲说西方极乐世界有“玻璃琉璃，金沙铺地”。我想那金沙哪有桂花的软、桂花的香呢？

故乡的桂花，母亲的桂花卤、桂花茶，如今都只能于梦寐中寻求了。

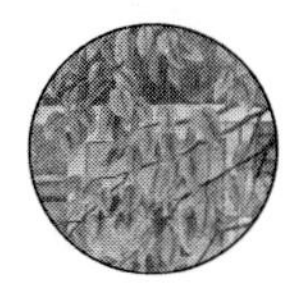

粽子里的乡愁

○
○
○

异乡客地，愈是没有年节的气氛，愈是怀念旧时代的年节情景。

端阳是个大节，也是母亲大忙特忙、大显身手的好时光。想起她灵活的双手，裹着四角玲珑的粽子，就好像马上闻到那股子粽香了。

母亲包的粽子，种类很多。莲子红枣粽只包少许几个，是专为供佛的素粽。荤的猪肉粽、火腿粽可以供祖先，供过以后称之谓“子孙粽”，吃了将会保佑后代儿孙绵延。包得最多的是红豆粽、白米粽和灰汤粽。一家人享受以外，还要布施乞丐。

母亲总是为乞丐大量的准备一些，美其名曰“富贵粽”。

我最最喜欢吃的是灰汤粽。那是用早稻草烧成灰，铺在白布上，拿开水一冲，滴下的热汤呈深褐色，内含大量的碱。把包好的白米粽浸泡灰汤中一段时间（大约一夜晚吧），提出来煮熟，就是浅咖啡色带碱味的灰汤粽。那股子特别的清香，是其他粽子所不及的。我一口气可以吃两个，因为灰汤粽不但不碍胃，反而有帮助消化之功。过节时若吃得过饱，母亲就用灰汤粽焙成灰，叫我用开水送服，胃就舒服了。完全是自然食物的自然治疗法。母亲常说我是从灰汤粽里长大的。几十年来，一想起灰汤粽的香味，就神往童年与故乡的快乐时光。但在今天到哪里去找早稻草烧出灰来冲灰汤呢？

端午节那天，乞丐一早就来讨粽子，真个是门庭若市。我帮着长工阿荣提着富贵粽，一个个地分，忙得不亦乐乎。乞丐常高声地喊：“太太，高升点（意谓多给点）。明里去了暗里来，积福积德，保佑你大富大贵啊！”母亲总是从厨房里出来，连声说：“大家有福，大家有福。”

乞丐去后，我问母亲：“他们讨饭吃，有什么福呢？”母亲正色道：“不要这样讲。谁能保证一生一世享福？谁又能保证下一世有福还是没福。福是要靠自己修的。时时刻刻要存好心，要惜福最要紧。他们做乞丐的，并不是一个个都是好吃懒做的，有的是一时做错了事，败了家业；有的是上一代没积福，害了他们。你看那些孩子，跟着爹娘日晒夜露地讨饭，他们做错了什么，有什么罪过呢？”

母亲的话，在我心头重重地敲了一下。因而每回看到乞丐们背上背的婴儿，小脑袋晃来晃去，在太阳里晒着，雨里淋着，心里就有说不出的难过。当我把粽子递给小乞丐时，他们伸出黑漆漆的双手接过去，嘴里说着：“谢谢你啊！”眼睛睁得大大的，看我一身的新衣服。他们有许多都和我差不多年纪，差不多高矮。我就会想，他们为什么当乞丐；我为什么住这样大房子，有好东西吃，有书读？想想妈妈说的，谁能保证一生一世享福，心里就害怕起来。

有一回，一个小女孩悄声对我说：“再给我一个粽子吧。我阿婆有病走不动，我带回去给她吃。”我连忙给她一个大大的灰汤粽。她又说：“灰汤粽是咬食的（帮助消化），我们没有什么肉吃呀。”我听了很难过，就去厨房里拿一个肉粽给她，她没有等我，已经走得很远了。我追上去把粽子给她。我说：“你有阿婆，我没有阿婆了。”她看了我半晌说：“我也没有阿婆，是我后娘叫我这么说的。”我吃惊地问：“你后娘？”她说：“是啊！

她常常打我，用手指甲掐我，你看我手上脚上都有紫印。”

听了她的话，我眼泪马上流出来了，我再也不嫌她脏，拉着她的手说：“你不要讨饭了，我求妈妈收留你，你帮我们做事，我们一同玩，我教你认字。”她静静地看着我，摇摇头说：“我没这个福分。”

她甩开我的手，很快地跑了。

我回来呆呆地想了好久，告诉母亲。母亲也呆呆地想了好久，叹口气说：“我也不知道要怎样做才周全，世上苦命的人太多了。”

日月飞逝，那个讨粽子的小女孩，她一脸悲苦的神情、她一双吃惊的眼睛，和她坚决地快跑而逝的背影，时常浮现我心头，她小小年纪，是真的认命，还是更喜欢过乞讨的流浪生活？如果她仍在人间的话，也已是年逾七旬的老妪了。人世茫茫，她究竟活得怎样，活在哪里呢？

每年的端午节来临时，我很少吃粽子，更无从吃到清香的灰汤粽。母亲细嫩的手艺，和琐琐屑屑的事，都只能在不尽的怀念中追寻了。

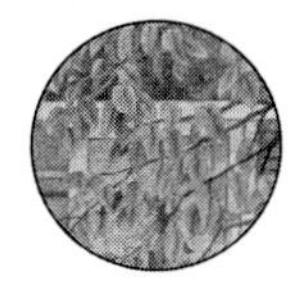

春　酒

○
○
○

农村时代的新年，是非常长的。过了元宵灯节，年景尚未完全落幕，还有个家家邀饮春酒的节目，再度引起高潮。在我的感觉里，其气氛之热闹，有时还超过初一至初五的五天新年呢。原因是，新年时，注重迎神拜佛，小孩子们玩儿不许在大厅上、厨房里，撞来撞去，生怕碰碎碗盏。尤其我是女孩子，蒸糕时，脚都不许搁在灶孔边，吃东西不许随便抓，因为许多都是要先供佛与祖先的。说话尤其要小心，要多讨吉利，因此觉得很受拘束。过了元宵，大人们觉得我们都乖乖的，没闯什么祸，佛堂与神位前的供品换下来的堆得满满一大缸，都分给我们撒开地吃了。尤其是家家户户，轮流地邀喝春酒，我是母亲的代表，总是一马当先，不请自到，肚子吃得鼓鼓的跟蜜蜂似的，手里还捧一大包回家。

可是说实在的，我家吃的东西多，连北平寄回来的金丝蜜枣、巧克力糖都吃过，对于花生、桂圆、松糖等等，已经不稀罕了。那么我最喜欢的是什么呢？是母亲在冬至那天泡的八宝酒，到了喝春酒时，就开出来请大家尝尝，“补气、健脾、明目的哟！”母亲总是得意地说。她又转向我说：“但是你呀，就只能舔一指甲缝，小孩子喝多了会流鼻血，太补了。”其实我没等她说完，早已偷偷把手指头伸在杯子里好几回，已经不知舔了多少个指甲缝的八宝酒了。

八宝酒，顾名思义是八样东西泡的酒，那就是黑枣（不知是南枣还是北枣）、荔枝、桂圆、杏仁、陈皮、枸杞子、薏仁米，再加两粒橄榄。要泡一个月，打开来，酒香加药香，恨不得一口气喝它三大杯。母亲给我在小酒杯底里只倒一点点，我端着、闻着，走来走去，有一次一不小心，跨门槛时跌了一跤，杯子捏在手里，酒却全洒在衣襟上了。抱着小花猫时，它直舔，舔完了就呼呼地睡觉，原来我的小花猫也是个酒仙呢！

我喝完春酒回来，母亲总要闻闻我的嘴巴，问我喝了几杯酒，我总是说："只喝一杯，因为里面没有八宝，不甜呀。"母亲听了很高兴，自己请邻居来吃春酒，一定每人给他们斟一杯八宝酒。我呢，就在每个人怀里靠一下，用筷子点一下酒，舔一舔，才过瘾。

春酒以外，我家还有一项特别节目，就是喝会酒。凡是村子里有人需钱急用，要起个会，凑齐十二个人，正月里，会首总要请那十一位喝春酒表示酬谢，地点一定借我家的大花厅。酒席是从城里叫来的，和乡下所谓的八盘五、八盘八不同（就是八个冷盘，当中五道或八道大碗的热菜），城里酒席称之为"十二碟"（大概是四冷盘、四热炒、四大碗煨炖大菜），是最最讲究的酒席了。所以乡下人如果对人表示感谢的口头话，就是说："我请你吃十二碟。"因此，我每年正月里，喝完左邻右舍的春酒，就眼巴巴地盼着大花厅里那桌十二碟的大酒席了。

母亲是从不上会的。但总是很乐意把花厅供给大家请客，可以添点新春喜气。花匠阿标叔也巴结地把煤气灯玻璃罩擦得亮晶晶的，呼呼呼地点燃了，挂在花厅正中，请大家吃酒时划拳吆喝，格外地兴高采烈。我呢，一定有分坐在会首旁边，得吃得喝。这时，母亲就会捧一瓶她自己泡的八宝酒给大家尝尝助兴。

席散时，会首给每个人分一条印花手帕，母亲和我也各有一条，我就等于有了两条，开心得要命。大家喝了甜美的八宝酒，都问母亲里面泡的是什么宝贝，母亲得意地说了一遍又一遍，高兴得两颊红红的，跟喝过酒似的。其实母亲是滴酒不沾唇的。

不仅是酒，母亲终年勤勤快快地，做这做那，做出新鲜别致的东西，总是分给别人吃，自己都很少吃的。人家问她每种材料要放多少，她总是笑眯眯地说："大约模子差不多就是了，我也没有一定分量的。"但她还是一样一样仔细地告诉别人。可见她做什么事，都有个尺度在心中的。她常常说："鞋差分、衣差寸，分分寸寸要留神。"

今年，我也如法炮制，泡了八宝酒，用以供祖后，倒一杯给儿子，告诉他是"分岁酒"，喝下去又长大一岁了。他挑剔地说："你用的是美国货的葡萄酒，不是你小时候家乡自己酿的酒呀。"

一句话提醒了我，究竟不是道地家乡味啊。可是叫我到哪儿去找真正的家醅呢？

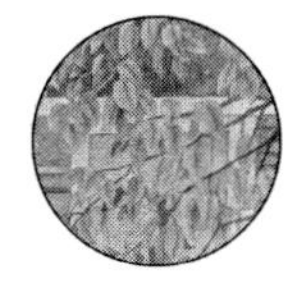

梦中的饼干屋

○
○
○

美国食品店里的饼干，种类繁多，却没一种是对我胃口的。每回吞咽着怪味饼干时，就会想起童年时代母亲做的香脆麦饼，母亲称之为土饼干。

我那时随母亲住在乡间，母亲做的土饼干，就是我的最爱。有一次，父亲从北京托人带回一罐马占山饼干，母亲笑眯眯地捧在胸前，看了又看，摸了又摸，舍不得打开，我急得要命，央求说："妈妈，快打开供佛呀，供了佛就给我吃，菩萨保佑我身体健康，读书聪明呀。"母亲才又笑眯眯地打开来，小心翼翼地抽出两片放在小木盘里供佛，我就在佛堂里绕来绕去，等吃饼干。母亲只许我一天吃两片，我却偷偷再吃一片，用手指掰开来，一粒粒放在嘴里慢慢地品尝，也分一点点给我的好朋友小黄狗和咯咯鸡吃。觉得马占山饼干并没什么特别味道，只不过是北京寄来，稀奇点就是了。我要母亲寄点麦饼给哥哥吃，母亲说路大远，寄去会霉掉。那时如果有限时专送该多好呢？

哥哥从北京写信来告诉我，他一天到晚吃饼干，吃得舌头都起疱了。因为二妈天天出去打牌，三餐都不定时，他肚子常常饿得咕咕叫，只好吃饼干，我看了信心里好过瘾，却不敢告诉母亲，怕她担忧。哥哥说饼干吃得实在太厌了，就拿它当积木玩，搭一幢小房子，叫作饼干屋，给蚂蚁住。

我好羡慕哥哥，情愿自己变成蚂蚁，住在哥哥搭的饼干屋里，就一年到头有吃不完的新鲜饼干了。

有一天，我做梦真的住进饼干屋，瓦片、墙壁、桌椅板凳，全是又香又脆的奶油巧克力饼干。我就拼命地吃，觉得比马占山饼干好吃多了。可是吃到后来，房子塌下来了，满身堆着饼干，我再拼命地吃，吃得肚子好撑，嘴巴好干，就醒过来了。原来枕头边还剩着没吃完的半块土饼干——母亲做的麦饼，饼干屋却不见了。

我仔细回忆梦想中情景，赶紧写信告诉哥哥。哥哥回信说他生病了，什么东西也吃不下，连饼干都不想吃了。母亲和我好担忧，哥哥究竟生的什么病呢？也许只是因为想念妈妈和我，吃不下东西吧。我又赶紧写信给哥哥，劝他不要忧愁，好好听医生的话吃药。也写信求父亲带哥哥回来，有妈妈的爱，哥哥的病一定马上会好的。可是父亲的信三言两语，一点也没写清楚哥哥究竟生的是什么病，也没提半句要带哥哥回来的话，母亲和我又忧焦又失望。那些日子，我好像一下子长大了，长得和母亲一样的年纪。我们母女天天在佛堂里，求菩萨保佑哥哥的病快快好。我们一边默祷，一边流泪，感到我们母女是那么的无助、无依。

哥哥的病一直没好起来，在病中，他用包药的粉红小纸，描了空心体的“松柏长青”四个字，又写了短短一封信给我说：“妹妹，我好想念妈妈和你，可是路太远了，爸爸不带我回家乡，因为二妈不肯回来，我只好在梦里飞回来和你们相聚了。”我边看边哭，觉得“梦魂飞回来”这句话不吉利，就不敢念给母亲听。我写信给哥哥，劝他安心，我的灵魂也会飞去和他相聚的。就这样，我们通着信，可是那时的信好慢好慢，每周只有两天才有邮差从城里来。我每次在后门口伸长脖子等信，总是等得失望的时候居多。看母亲总是茶饭无心，我更是忍泪装欢，盼望着绿衣人带来哥哥的信。那一盒北京带回的饼干，却是再也无心打开来吃了。

很久以后，才盼到父亲一封信，里面附着哥哥一张短短的纸条，写得歪歪斜斜几个字：“妈妈、妹妹，我病了，没有力气，手举不动了。饼干不能吃，饼干屋也没有了。”

我哭，我喊哥哥，可是路那么远，哥哥听不见，母亲抹去眼泪说：“哭有什么用呢？哭不回你爸爸的心，哭不好你哥哥的病啊！”我们母女就像掉落在汪洋大海里，四顾茫茫，父亲在哪里，哥哥在哪里呢？

我们日夜悲泣，可是真的哭不回父亲的心，哭不好哥哥的病。哥哥走了，永远离开我们了。我再也收不到他用没力气的手所写歪歪斜斜的信了。北平虽远，究竟还是同一个世界，现在他到另一个世界去了。我怎么再给他写信呢？

我捧起那盒马占山饼干，呜咽地默祷：“哥哥啊，你寄来的饼干还剩下大半盒，我哪里还有心思吃呢？你的灵魂快回来吧，我们一同来搭饼干屋，世界上，有哪里能比我们自己搭的饼干屋更可爱、更温暖呢？哥哥，你回来吧！”

可是哥哥永不能再回来了。没有了哥哥，梦中的饼干屋也永远倒塌了。

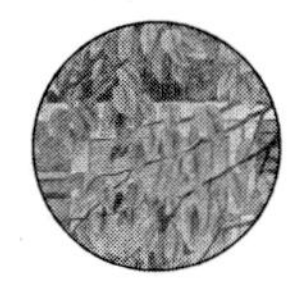

香菇蒂

○
○
○

我和小花并排儿坐在青石台阶上，猜着豆子拳（乡下孩子的一种游戏）。小花是赌徒阿兴的女儿，已经七岁了，却长得好小好矮，大家都说她只有三块豆腐干那么高。她细眉细眼的，小鼻子、小嘴巴，皮肤细嫩得跟糯米捏出来似的，跟她妈妈一模一样，说话口齿又清楚。我好喜欢她，她也常常跑来跟我玩。

天井里晒着一簟香菇，五叔婆不时迈着小脚走过去，用竹筷子搅拌几下，让太阳晒得均匀些。香菇的香味一阵阵被风吹来。小花用鼻子闻了几下，就跑过去拣起一朵，往嘴里送。我连忙说：

“不行，这是烧菜用的，不能生吃呀！”

小花说：“那么给我两朵好不好？妈妈会烧菜给我吃。”

“你妈妈……”我还没问下去，她就抢着说：

“我妈妈常常回来看我，爸爸都不在家，妈妈还背了弟弟来，她烧饭洗衣服，我抱弟弟。”

“你抱得动呀？”

“抱得动，妈妈说我两斤半的狐狸衔着三斤半的鸡。妈妈边做事边看着我们笑，我们好开心啊！”

我紧紧地拥着这个小人儿，只觉心里好疼她。但一想起赌徒阿兴就生气。他赌钱输得精光，把老婆都卖掉了，卖给村子里一个半老头儿，才一年就给他生了个白白胖胖的儿子。半老头儿好高兴她给自己接了香火，倒也答应她时常带点米和鸡蛋给小花吃。有一次，她送绣花丝线给我母亲，母亲问她为什么不索性把小花也带过去。她淌着眼泪说：“老头儿不要我女儿，阿兴也不肯呀。太太，你有慈悲心，多多照顾我小花吧。人人都说，在你们家做鸡做狗，也比穷人家孩子吃番薯丝享福呢！”母亲深深地叹了口气，摇摇头说：“没有的事。有钱没钱都不要紧，要紧的是亲骨肉总要在一起才好。”

可是阿兴却把小花母女活生生给拆开了。小花抬头望着我问："大姐姐，你在想什么？"

"小花，你究竟愿意跟爸爸还是跟妈妈？"我问她。

"都要跟，不过爸爸赌输了回来就用脚踢我。"

"你为什么不叫妈妈带你去？"我听了好替她难过。

"我不去，我要陪爸爸，妈妈也要我陪爸爸。"

我把小花搂得更紧些，就像是自己妹妹。

五叔婆又去搅拌香菇了。小花喊道："婆婆，给我两朵香菇好不好？"她把两个小指头一伸。五叔婆朝她看一眼，把嘴瘪了一下，却大方地给她四朵，拣了小小的四朵。小花高兴地喊："那么多呀！"她的手太小，一只手两朵都捏不下，就双手捧着，急急跑回家去。

过了两天，她一来，我就问她："小花，你妈妈来过没有？香菇吃了没有？"

"吃了。"她回答，眼睛眯眯地望着我。过了一晌，她又说，"大姐姐，你再给我两朵香菇好吗？我还没有吃到呢。"

"你刚才不是说吃了吗？"

"四朵香菇，妈妈带走两朵，回去烧给弟弟的爸爸吃。说他年纪大了，要吃补品。还有两朵，炒了米粉丝给我爸爸下酒，妈妈叫我等爸爸回来一同吃。妈妈把香菇蒂摘下来熬了汤给我喝，好香啊！妈妈说香菇蒂跟香菇一样补。”

“你没有吃香菇炒米粉丝吗？”

“爸爸回来，一面用拳头捶桌子，一面喝酒，一面大口大口吃粉丝。他连看也没看我，我不敢走过去。他一会儿就吃光了。我就用香菇蒂汤泡饭吃。”

“小花，你不要回去，就住在我家，我们都很疼你，你妈妈也会来看你的。”

“我不要，我还是要陪爸爸。爸爸有时也抱我，亲我，还买米花糖给我吃。妈妈说爸爸一个人很冷清，要人做伴，我一定要陪他，他是我爸爸啊！”

我眼里涌上泪水，但小花的眯眯眼仍然在笑。停了一下，她说：“妈妈说等弟弟长大点，她要出来帮工，把爸爸的赌债还清，就只怕弟弟的爸爸不肯。”

我把小花的话告诉母亲，母亲叹口气说：“小花的娘真痴心，阿兴的赌债这一辈子也还不清。她真是前世该他的。世上的夫妻，有的是缘分，有的是孽。”

五叔婆接口道：“我就不相信有缘分，夫妻都是前世的冤孽。”她一副咬牙切齿的样子，使我想起去南美洲经商的五叔公，十多年不回来，回来时却带了个巴西女人，不到半年，就被五叔婆赶走了。五叔公一气，又出了远门，没有再回来。五叔婆一天到晚都是气鼓鼓的，骂儿子，骂女儿，有时连我也骂，所以我最最不喜欢她。她只有对我母亲是和和气气的，因为除了母亲，没有人愿意跟她在一起。我看了五叔婆一眼，悄悄跟母亲说："让小花的妈到我们家来帮工好不好？"母亲说："她现在的丈夫年纪大了，家里又不是没饭吃，他不会肯让她出来帮工的。但望阿兴醒过来，戒了赌就是个好好的男子汉，要不然的话，小花就好可怜。"

五叔婆一边拿起锅铲，一边咕哝："她也是前世不修。"她打开锅盖，一阵香喷喷，原来锅子里也是香菇炒米粉丝。我连忙从碗橱里拿出一个大饭碗，递给五叔婆说：

"给我盛满满一碗，要多点香菇。"

"你真是肚小眼孔饥，吃得下一大碗吗？"

"吃得下。"我说，向母亲做个鬼脸。

母亲朝我一笑，递给我一双筷子。我捧着碗，急匆匆奔到后院，因为小花还在后院为我们赶鸭子回窝。我把炒米粉丝递给她说："快吃，里面好多香菇啊，全是香菇，不是香菇蒂。"

"香菇蒂呢？"她呆愣愣地问。

"五叔婆都给扔啦，我们都不吃香菇蒂的。"

“好可惜啊！”

我笑笑说：“你快吃吧。”

“我要拿回家跟爸爸一同吃。”她捧着碗要回去，我就陪她一同走向她家。她把鼻子尖凑在碗边闻闻，十分认真地说：“大姐姐，下回有香菇蒂，统统给我好吗？”

“好，一定都给你。明天再要我妈妈给你一大把香菇，好让你妈妈烧给你吃，也烧给你弟弟吃。”

“大姐姐，你真好。”

我们一路走着，我一直帮小花扶着那碗香菇炒米粉丝。

红豆糕

○
○
○

农历春节新年，对我这个作客海外的人来说，实在是除了乡愁，便是思亲。因此还是打叠起精神，做一两样母亲当年常做的乡下点心，以飨友好。一来是夸耀一下自己的“手艺”，二来也足以聊慰怀乡与思亲之情吧。

红豆糕，是旧时代农村家庭最普通的一道点心。每逢过新年时，母亲做起来却是加工加料。加的料是枣子、莲子、花生、桂圆肉。母亲常常自夸说：“这样多名堂做出来的红豆糕，真比外路来的什么洋点心还好吃一百倍呢。”

那真是一点不错的，我吃过喝洋墨水的二叔从上海带回来的什么奶油蛋酥饼，甜甜腻腻的，还透着一股子牛骚臭，哪有妈妈做的货真价实的红豆糕好吃。我问母亲：“过新年时吃的东西这么多，您做糕反倒锦上添花。平时做为什么不也加这多名堂呢？”母亲笑笑说：“再好的东西，天天吃就没稀奇了。这叫作少吃多滋味。你知道莲子、红枣、桂圆有多贵呀？过年时是讨个好彩头，五样名堂就是五子登科嘛。”我跳起来说：“妈妈，我就是您那个登科的子啰。您不是说‘男女平权’吗？”我把小拳头一伸，十分得意的样子。

因为那个时候，就听人常喊“女权运动”。母亲说：“你们新式的讲女权运动，却只喊不做。我们老式的女人，天天都在女权运动。我们的一双拳头力气大得很，能磨粉、捣年糕，会搓麻绳做草鞋。男人会做的，我们都会帮着做。还有我们的一双脚，里里外外，一天走到晚。不是有女‘拳’又有‘运动’吗？到了逢年过节，那就运动得更勤快了。”听得我的家庭老师哈哈大笑，说母亲实在是个实践的新女性。二叔说：“这叫作‘幽默感’。”我不懂“幽默”是什么意思，还以为二叔在夸赞母亲“有美感”呢，也替母亲大大地高兴起来。

做红豆糕的方法其实很简单，只要把浓浓的红糖汁，倾入硬米三分之二、糯米三分之一的米粉中和匀（我家乡在六月早谷收成时有一种红米，特别香。如果用红米粉和在一起那就更好吃了)，再加煮熟的红豆，最后撒入红枣片、桂圆丁、莲子、花生等。然后倒入一个钵子里上笼子蒸。只看冒出的气笔直了，再用筷子尖插入糕中试一下，不粘筷子就是熟了。

供菩萨和祖先的，母亲就仔仔细细在糕的面上，用枣子、莲子摆出一朵花儿来。普通吃的就只在正中央镶一粒红枣，再撒点桂圆碎末子意思意思，我抱怨说："这么点儿香料，连小麻雀都瞧不上眼呢。"母亲生气地说："走开走开，过年过节的，小孩子不准在边上乱说话。"我有个顽皮的小叔叔，肚才很好，他就吟诗随口地赞美起来："这叫作'红豆糕儿一点心'。"母亲听了高兴地说："对啦，就是这一点点心意嘛。"小叔趁机摊开黑漆的脏手掌心说："大嫂，先给我一块尝尝嘛，回头我帮您刷蒸笼。"母亲笑骂道："你几时帮我刷过蒸笼，倒是帮我清过酒壶呢。"因为小叔时常乘母亲不备，偷碗橱里的老酒喝。我也跟着一起品尝。母亲骂归骂，还是用菜刀切了糕，分我们一人一块。哦，好香软，好好吃呢。那股子香甜味儿，至今还留在齿颊间呢。

几十年来，无论平时或过年，我也常做红豆糕，各种材料，比当年得来容易多了。可是无论如何加工加料，做出来的糕，总不及小时候从母亲手中接过来的好吃。是自己手艺不到家呢？还是因为亲爱的母亲做的任何点心，永远是最最好吃的呢？

令人泄气的是我那另一半，竟是个相信西点比中点好吃的“崇洋派”。我每回辛辛苦苦做的，他都不屑一尝。如果不是朋友们的鼓励与夸赞，我真会没兴趣做了。如今来到美国，举目全是西点，他倒又怀念起我土做的红豆糕来了。高兴他总还有那么点儿“不忘本”。这回，我别出心裁，红豆、枣子、桂圆之外，却以松子、核桃，代替莲子、花生，而且又加了几匙巧克力粉。他一尝，大为赞赏地说：“这回真好吃，简直是中西合璧的巧克力糕嘛。你真能‘研究发展’。”他的理论又来了。

但为了纪念母亲的俭省，我仍旧称它为简单的红豆糕。想想母亲那个时代，怎舍得买名贵的松子、核桃？又哪儿来洋里洋气的巧克力粉？但她蒸出来的红豆糕，怎么会那么香软好吃呢？

第三辑

童心：桂花雨

帮着在桂花树下铺篾簟，帮着抱住桂花树使劲地摇，桂花纷纷落下来，落得我们满头满身，我就喊：“啊！真像下雨，好香的雨啊。”

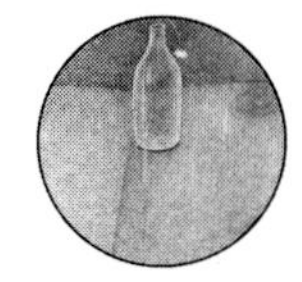

寂寞童心

○
○
○

有一首儿童诗：

镜子里有一个小女孩
长得跟我一样
她在哭呢
是不是爸妈不在家
是不是没人陪你玩
出来吧，出来跟我玩
我们不要哭

我读着读着，心里真想哭。

又想起有一对父母，因为工作太忙，一直把第二个孩子寄养在乳娘家里，稍稍长大以后，才把他领回来。他跟哥哥在一张小圆桌上吃饭，爸爸给他们各夹了一块鸡肉。弟弟对哥哥说：“你爸爸给我一块鸡肉吃。”

“我爸爸也是你爸爸呀。”哥哥说。

“不是的。”弟弟摇摇头。

“是的嘛。”

“那我为什么一直没有看见过他呢？”

“我也不知道。”

“一定是他不喜欢我啊！”弟弟哭了。

哥哥放下筷子，走过来紧紧拥抱着弟弟说：

“弟弟！哥哥喜欢你，爸爸妈妈都喜欢你，你不要哭啊！”

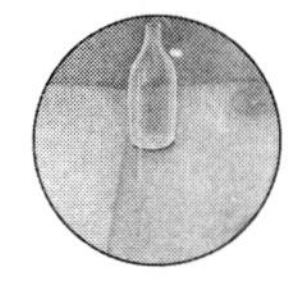

桂花雨

中秋节前后，就是故乡的桂花季节。一提到桂花，那股子香味就仿佛闻到了。桂花有两种，月月开的称木樨，花朵较细小，呈淡黄色，台湾好像也有，我曾在走过人家围墙外时闻到这股香味，一闻到就会引起乡愁。另一种称金桂，只有秋天才开，花朵较大，呈金黄色。我家的大宅院中，前后两大片旷场，沿着围墙，种的全是金桂。唯有正屋大厅前的庭院中，种着两株木樨、两株绣球。还有父亲书房的廊檐下，是几盆茶花与木樨相间。

小时候，我对无论什么花，都不懂得欣赏。尽管父亲指指点点地告诉我，这是凌霄花、这是叮咚花、这是木碧花……我除了记些名称外，最喜欢的还是桂花。桂花树不像梅花那么有姿态，笨笨拙拙的，不开花时，只是满树茂密的叶子，开花季节也得仔细地从绿叶丛里找细花，它不与繁花斗艳。可是桂花的香气味，真是迷人。迷人的原因，是它不但可以闻，还可以吃。“吃花”在诗人看来是多么俗气？但我宁可俗，就是爱桂花。

桂花，真叫我魂牵梦萦。

故乡是近海县份，八月正是台风季节。母亲称之为“风水忌”。桂花一开放，母亲就开始担心了，“可别做风水啊”。（就是台风来的意思。）她担心的第一是将收成的稻谷，第二就是将收成的桂花。桂花也像桃梅李果，也有收成呢。母亲每天都要在前后院子走一遭，嘴里念着，“只要不做风水，我可以收几大箩。送一斗给胡宅老爷爷，一斗给毛宅二婶婆，他们两家糕饼做得多”。原来桂花是糕饼的香料。桂花开得最茂盛时，不说香闻十里，至少前后左右十几家邻居，没有不浸在桂花香里的。桂花成熟时，就应当“摇”，摇下来的桂花，朵朵完整、新鲜，如任它开过谢落在泥土里，尤其是被风雨吹落，那就湿漉漉的，香味差太多了。“摇桂花”对于我是件大事，所以老是盯着母亲问：“妈，怎么还不摇桂花嘛？”母亲说：“还早呢，没开足，摇不下来的。”可是母亲一看天空阴云密布，云脚长毛，就知道要“做风水”了，赶紧吩咐长工提前“摇桂花”，这下，我可乐了。帮着在桂花树下铺篾簟，帮着抱住桂花树使劲地摇，桂花纷纷落下来，落得我们满头满身，我就喊：“啊！真像下雨，好香的雨啊。”母亲洗净双手，撮一撮桂花放在水晶盘中，送到佛堂供佛。父亲点上檀香，炉烟袅袅，两种香混合在一起，佛堂就像神仙世界。于是父亲诗兴发了，即时口占一绝：“细细香风淡淡烟，竞收桂子庆丰年。儿童解得摇花乐，花雨缤纷入梦甜。”诗虽不见得高明，但在我心目中，父亲确实是才高八斗，出口成诗呢。

桂花摇落以后，全家动员，拣去小枝小叶，铺开在簟子里，晒上好几天太阳，晒干了，收在铁罐子里，和在茶叶中泡茶、做桂花卤，过年时做糕饼。全年，整个村庄，都沉浸在桂花香中。

念中学时到了杭州，杭州有一处名胜满觉垅，一座小小山坞，全是桂花，花开时那才是香闻十里。我们秋季远足，一定去满觉垅赏桂花。“赏花”是借口，主要的是饱餐“桂花栗子羹”。因满觉垅除桂花以外，还有栗子。花季栗子正成熟，软软的新剥栗子，和着西湖白莲藕粉一起煮，面上撒几朵桂花，那股子雅淡清香是无论如何没有字眼形容的。即使不撒桂花也一样清香，因为栗子长在桂花丛中，本身就带有桂花香。

我们边走边摇，桂花飘落如雨，地上不见泥土，铺满桂花，踩在花上软绵绵的，心中有点不忍。这大概就是母亲说的“金沙铺地，西方极乐世界”吧。母亲一生辛劳，无怨无艾，就是因为她心中有一个金沙铺地、玻璃琉璃的西方极乐世界。

我回家时，总捧一大袋桂花回来给母亲，可是母亲常常说：“杭州的桂花再香，还是比不得家乡旧宅院子里的金桂。”

于是我也想起了在故乡童年时代的“摇花乐”，和那阵阵的桂花雨。

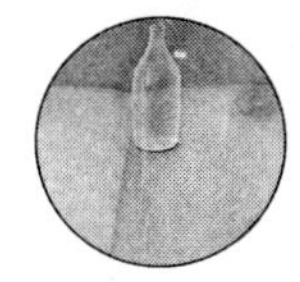

关公借钱

○
○
○

小时候在乡下看庙戏，总是外公或长工阿荣伯牵着我去。起先是规规矩矩坐在外公身边，猛啃甘蔗与荸荠。啃够了，就站在条凳上，踮起脚尖来看，又嫌被人挡住看不见，就要阿荣伯抱我挤到舞台边，把台上的戏囡儿看得清清楚楚。（我家乡称演员为“戏囡儿”，大概认为他们是逗人快乐的囡囡吧！）我最喜欢那个演貂蝉的花旦，手托亮晃晃的铜盘，转得好利落。我还喜欢红脸关公和黑白花脸张飞，他们一出来，我就合掌拜拜，把他们当神佛一般。我尤其喜欢看张飞发脾气时，跺着脚“哇啦哇啦”的大叫，回家来就学给妈妈看，妈妈笑骂：“姑娘家这样粗，多难看呀？”

他们唱完戏，都会到我家大宅院来游花园。我就紧跟在他们后面，一个个分辨，哪一个是扮关公的，哪一个是扮张飞的，有的连脸上的水粉都没洗净呢。母亲认出那个扮小丑的，笑着对他说：“你这个白鼻头儿，在戏里是个害人精，看你人倒是忠忠厚厚的嘛！”他说：“太太，我若是在戏里不会当害人精，就没饭吃啰！”外公坐在柴仓边的竹椅里，只是摸着胡子笑。

外公却悄悄告诉我说：“你妈妈最喜欢扮蓝袍青天大人的那个戏囡儿，也就是你最喜欢的红脸关公。昨天他推牌九，把一荷包的钱输得光光的，连买馄饨的铜板都没有，向我借，我就借了他一块银洋钱。”

“一块银洋钱呀！”我眼睛睁得大大的。

“哦，他们都好穷啊！挣一个，花一个，也不会积蓄。你不要告诉你妈哟，她会心疼的，又要埋怨我乱花钱了。”

“他会还你吗？”我也很心疼那块白花花的银洋钱呢。

“还什么呀？他们今天到东，明天到西，也不知今生今世会不会再碰头呢！”外公轻轻叹了一口气。

我愣愣的，心里说不出是什么滋味儿。

几天以后，老师要我写日记，写篇《看戏的感想》。我原只想写《我最最敬仰的关公》。因为我听小叔讲过三国演义，心里浮起的形象，是舞台上的关公，右手捧着一卷书，左手捋着长须，挑灯夜读春秋的威严，多么令人敬仰！可是一想到扮关公的戏囡儿是个呼幺喝六，赌钱赌得满头大汗的人，就怎么也写不下去了。

我咬着笔杆发呆，外公说："你就写《关公借钱》，不是很有趣吗？"我连连摇头说："不要，我不要把心里的关公变成那个样儿。"

那篇日记，就没写好，糊里糊涂凑几笔就交给先生，先生看了很生气地说："心太散漫，以后不许看戏了。"我心里只想哭，觉得以后也真的不想看戏了，看了戏，人究竟是好是坏都分不清了。

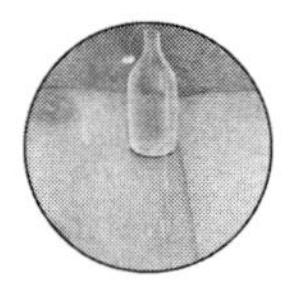

阿喜的花篮

○
○
○

阿喜的手最最灵巧，他会用麦秆编吱吱叫的麻雀，会用木块削成满地转的地陀螺，会用竹片编装泥鳅的篓子。这些可爱的手工艺品，他一样样地做，我一样样地玩。也拿去送给左邻右舍的小朋友们。

有一次，他用软软的嫩柳条编了个好漂亮的小花篮，我把心爱的蜡制洋娃娃坐在里面，拎去给隔壁玉英看。玉英央求说："小春，你可以借我玩一天吗？明天就还给你。"她正生病躺在床上，我当然应该借她玩的。第二天去看她时，她抱歉地对我说："为了研究花篮是怎么编的，我把它拆开来却编不回去了。"

“

帮着在桂花树下铺篾簟，帮着抱住桂花树使劲地摇，桂花纷纷落下来，落得我们满头满身，我就喊：“啊！真像下雨，好香的雨啊。”

“

想想一个人，一生真不知道要经过多少大大小小的惊险。没有长辈可以依赖时，就得自己镇静下来，不要忧愁，不要恐惧。

“那么蜡洋娃娃呢？”我连忙问她。

“蜡洋娃娃的一只手膀，也被我在睡觉时不小心压断了。小春，我真对不起你哪！”

我好生气，跺着脚说：“你怎么把我借你玩的东西统统弄坏了。你是存心的，我不跟你好了。”

我转身奔回家来，坐在门槛上大哭。阿喜吃惊地问我跟谁吵架了。我说：“玉英好坏，拆掉你编的花篮，又弄断我的蜡洋娃娃，她一定是妒忌我才这样做的。”

阿喜一声不响地走开了，我奇怪他怎么不说话，就追过去对他再说一遍。他低声地说：“你别再讲，我已经听见了。”

“那你为什么不理会我？”

“你哭得那么起劲，一口咬定玉英坏，叫我说什么？你们一向那么要好，我知道玉英一点也不坏，只是不小心弄坏了你的东西，你不应该这么想的。”

我低下头，说不出话来。阿喜说：

“我再来编一个花篮，你去摘些鲜花放在里面，拎去给玉英，对她说，等她病好了，我会教你和她编花篮。那个蜡洋娃娃，你拿回来，我给你修补好。”

“真的？”我马上抹去眼泪，帮着阿喜摘柳条，守着他很快就编好了花篮。我在院子里采了一朵大红茶花，和一枝香喷喷的白玉兰放在里面，兴冲冲地拎去送给玉英。她正喝了药，盖着被子出了一身汗，红喷喷湿漉漉的脸从被头冒出来，一眼看见我与我手里的花篮，张开嘴高兴得说不出话来。

“玉英，这个花篮是阿喜特地编了给你的。阿喜说他会教你和我编呢。”

“好漂亮啊！小春，你们真好。可是那个蜡洋娃娃的手膀……”

“不要紧，我拿回去，阿喜会给我修补。”

她把洋娃娃递给我，又从枕头底下掏出一个拇指那么大的花布娃娃，塞在我手心里说：“啖，这个布娃娃是我姑妈给我做的，我好喜欢，但是我把它送给你。”

好可爱的布娃娃啊！比我的蜡洋娃娃还好玩。我捏在手心奔回家来，摊开手给阿喜看，给妈妈看。我忽然觉得玉英是我最要好的朋友。

妈妈看我那么高兴，也高兴地笑了。她慢条斯理地说：“小春呀！你看玉英对你多好，她把自己最心爱的东西送给你。你以后也要这样，不要老是把自己玩厌了的东西才给别人。这才是相亲相爱嘛。还有阿喜他多好，总是用灵巧的手，做出各种各样的小玩意，让你送朋友，给朋友快乐。”

我听了妈妈的话，想到刚才实在不应该为断手膀的蜡洋娃娃跟玉英生气。我太小气了。我应该学阿喜，欢欢喜喜地为别人编美丽的花篮，带给别人快乐。

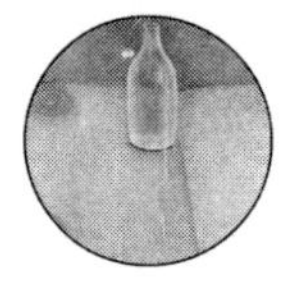

不倒翁

小时候，我读书的伙伴有两个，一个是大我四岁的小叔叔，一个就是不倒翁。

不倒翁穿着红短衫，白短裤，双手合拱在胸前，很正经的样子。浑身圆团团的，就只脑袋瓜有点尖。我说“尖头鳗”就是泥鳅，只会钻烂泥洞，没有名堂。小叔叔说“尖头鳗”念起来的声音，跟英文里的 Gentleman 很像，是十分君子风度的意思。当了君子，就不应该只会钻洞了。小叔叔跟乡村小学校长学过英文，脑筋又灵光，他用我们温州调教我“鸭来河里游水”“苏油拌螺蛳”说快点就像说英文似的，逗得我笑痛肚子。母亲却说：“男人的头顶尖尖的，就是长寿相。彭祖公公的头顶是尖的。活到八百岁。”父亲笑笑说：“彭祖再长寿，还活不过陈抟呢。陈抟睡了一觉，醒来就是一千年。问起彭祖，早已经死啦，陈抟叹口气说：‘我看彭老头儿的头顶尖尖的，是个短命相。’”所以母亲时常叹气说：“长寿短命，也没个准儿，彭祖公公八百寿，陈抟一觉睡千年，世上有八百岁的短命鬼吗？”我对长寿短命没兴趣，就编起自己的歌来：“不倒翁，尖头鳗，东边倒来西边歪。你吃面来我吃饭。大家吃饱一同玩。”老师说我编得太浅了，没有意思。打开教科书叫我念：“不倒翁，翁不倒。眼汝汝即起，推汝汝不倒。我见阿翁须眉白，问翁年纪有多少。脚力好，精神好，谁人能说翁已老。”这当然有学问得多了。我边读心里边想：“你”就是“你”，为什么“汝”呀“汝”的，多拗口呀？老师说那是文言文，文言文就得文绉绉地说“汝”，或者“君”。

那时我才七岁光景，老师就教我文言文了。我造了好多文言句子，老师都点头连声说“好，好”。中秋节，对着大月饼我就问：“不倒翁，汝欲食月饼乎？”老师笑眯眯地掰了半个月饼给我，我望着盘子里另外半个说：“不倒翁，饼大，当与君分食之。”老师故意装没听见，小叔叔趁机问：“我可代不倒翁食之乎?”老师点了下头，半个月饼就被小叔叔吃掉了。不倒翁仍旧笑嘻嘻地望着我们。

小叔叔告诉我，念书的时候，要摇来晃去，摇出味道来，书才会朗朗上口地背得熟。我于是用手指头点一下不倒翁，念一遍，再点一下。不倒翁摇，我也摇。念书就不会厌烦了。老师说女孩子要稳重，不可以摇头晃脑。不倒翁是老人，老人才可以摆摇。我想起外公唱起诗来，头就画着圆圈的摇摆，非常快乐慈爱的样子。我但愿父亲也这样唱着诗摇摆，我就会像喜欢不倒翁那般的喜欢他，不会见了他直害怕了。

有一天下了课，我把不倒翁放在口袋里，小叔叔悄悄地从抽屉里捧出老师的算盘。我们跑到隔壁花厅里，把算盘反过来仰卧在滑溜溜的磨砖地上，再让不倒翁坐在里面。我和小叔叔面对面远远蹲着，把算盘使力推过去，再推过来。不倒翁在里面像坐火车，抖着、摇着，不知道他是舒服还是害怕，我们却玩得好快乐。正笑得前仰后合，忽然老师来了，他生气地一把拿起算盘，不倒翁砰的一下跌落在砖地上，裂成两半，里面的重心石也掉出来了。我一看，哇的一声大哭起来。老师也感到很抱歉，连忙说：“我去城里再给你买一个回来。”我跺脚哭着说：“我不要，我不要，我就是要我自己的不倒翁。”小叔叔也哭丧着脸，把两半的破片捡起，一声不响地走了出去。当天晚上，我睡觉时，还是吵着："我要我的不倒翁嘛。"不知为什么，好像不倒翁和我有着同甘共苦难解难分的一份情谊。母亲温和地对我说："小春，不要这样，老师心里会难过。他不是故意把不倒翁砸破的。他买个新的给你，你就要一样地喜欢他，他就会变成你心里原来的不倒翁了。凡是已经破损了的东西，没法挽回，你就不要老是懊恼，要用快乐的心，迎接新的。我知道你会喜欢新的不倒翁，你只不过是执拗地要那个原来的。"

母亲的话一点不错，老师第二天就买了个新的不倒翁给我，比旧的漂亮多了。头上戴着瓜皮帽，身上穿着黄马褂，很有学问的样子。最高兴的是小叔叔把破的两片合拢来，用丝线扎牢，他依旧摇来晃去，笑嘻嘻地望着我们。我把两个不倒翁并排儿放在书桌上，这个点一下，那个点一下，看谁摇得久。小叔叔若有所思地说："两个不倒翁，在我们心里就是一个，你觉得呢？"

我歪着头想了半天，不大懂他的话。看看新的，再看看旧的，我都那么喜欢他们，也觉得两个不倒翁就是一个了呢。

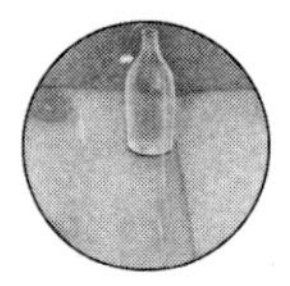

坑姑娘

○
○
○

走在宽阔的红砖人行道上，或在公车站边候车，你总会看到地摊上摆满了各色各样可爱的玩具。上了发条就会蹦跳的小狗小猫，一按钮就会打鼓的猴子，上电池的迷你风扇，微风刚好吹在你的鼻子尖上，凉酥酥的。还有胀鼓鼓精神百倍的大象、大熊、洋娃娃等。我常常呆看得忘了过马路或搭车。恨不得拣几样心爱的买回家。但我已偌大年纪，孩子也超过二十岁了，买这些给谁玩呢？我悄悄地在心里对自己说：还是给我自己玩呀！真的，我好爱玩具和各种小东西。从美国带回的娃娃和小熊，我都给他们织了毛线鞋帽穿戴起来，坐在沙发靠背上，不时捧在手心抚爱一阵，他们像在对我说话，我心里就不感到寂寞了。因为和他们谈天，使我想起小时候，我们每个小朋友自己做的小娃娃——坑姑娘。

为什么叫她坑姑娘呢？说来真是有趣。乡下的茅坑很多，茅坑是多肮脏的地方呀！据说偏偏越是脏的地方，反倒越会出现一些像神仙一般美丽的小姑娘。她们神出鬼没地和过路的行人捉迷藏，捉弄你，也和你做朋友。又据说坑姑娘只有一条腿，蹦跳起来却非常快。其实谁也没有真正见到过坑姑娘，所以我们就凭着自己的想象做。摘下四五寸长的树枝当坑姑娘的身躯。两只撑开的手臂，和一只三寸金莲小脚。用浅粉红棉布包一个圆脸，画上眼睛鼻子嘴巴。衣服是用零碎花布别出心裁缝的，套在身上，衬着小脸，真像个标致的小姑娘呢！手巧的小朋友，会给她缝好几件花布衫，时常替换。我们都把自己心爱的坑姑娘，小心翼翼地放在纸盒里，带到朋友家和她们的坑姑娘会面谈天。坑姑娘自己不会说话，我们都代她说。说了彼此问候的客气话后，就开始摆家家酒请她们吃饭，边吃边代她们谈天。报告几天来的生活情况啦，看了什么戏文啦，听了什么鼓儿词啦，哪一天偷吃了妈妈做的酱鸭啦；哪一天又看见小叔叔和表姨在橘园里肩并肩坐着唱小调啦。说得一个个小朋友都哈哈大笑。我们好像听到坑姑娘也在笑。其实坑姑娘只是静静地靠在桌子边，听我们代她讲故事。

有时候，顽皮的坑姑娘会忽然不见了。你放心，过一两天，她就会回来的。那是小朋友们彼此恶作剧，把别人的坑姑娘藏起来，说是她遁回茅坑里去了。过一阵子再出现时，常常是东家的坑姑娘跑到西家，西家的跑到东家了。

妈妈却常常对我们说，坑姑娘是最最诚实的小仙女，不喜欢捉弄人，她性情又温和，要我们好好照顾她。她若是发现我们没有真情真意爱她，就真的一气不回来了。所以我们对待坑姑娘都诚诚恳恳的，格外细心周到。和小朋友们聚会，代她们谈天时，声音都放得特别温柔，字眼也用得很文雅。在坑姑娘的彼此交际中，我们学会了如何讲有趣的故事，学会了女孩儿家的许多礼数，也学会了缝制小衣服和照顾小伴侣的耐心。这都要感谢美丽而且诚实的坑姑娘给我们的灵感。

外公说，听起来看起来很脏的地方，有时却会磨炼出一颗高洁的心灵。所以到今天，我仍在怀念我们的坑姑娘呢。

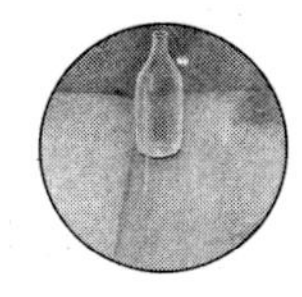

魔　笔

○
○
○

如今的原子笔真是方便，写起字来滑溜溜的，原子油用完了就往字纸篓里一扔，再换支新的。我最喜欢用笔管透明的那一种，写的时候，眼看着正中间那条像寒暑表水银柱的笔芯，一点点地低下去，低到没有了，仍舍不得扔掉，只把中间细管抽去，留下透明的笔管，一大把在抽屉里滚来滚去。有时抓出来摸摸看看，真想用这些玲珑可爱的玻璃管，搭一幢水晶墙壁、水晶瓦的玩具小房子，可惜我没这份天才。

我爱原子笔笔管是有道理的，话要说到我的初中时代。民国十几年那个时代，哪有什么叫作“原子笔”的？连一支花花绿绿的橡皮头铅笔都当宝贝，同学之间比来比去，相互炫耀。有一次，一个同学给我们看一支金色的自来水钢笔：“我爸爸从美利坚带回来的。”他把“美利坚”三个字的声音咬得特别清楚，生怕我们听不懂，神气活现的样子。我向它瞄了一眼说：“是男式的，有什么好？我将来要有一支女式的。”说是这么说，谁给我买呢？爸爸不许小孩用讲究东西，妈妈连我用铅笔都嫌太贵了，还会为我买自来水笔？天保佑，忽然从南京来了位姑丈，正巧送了我一支女式自来水笔，翡翠绿的笔杆，挂链就像真金的，比同学那支金光闪闪的还要漂亮。姑丈亲手把它挂到我颈子上，说是给我考取中学的奖品。我快乐得眼泪都要掉下来了。自来水笔在胸前荡来荡去，连吃饭睡觉都舍不得取下来。姑丈悄悄对我说：“小春，这是一支魔笔呢，你每天用它写笔记、日记、抄英文，你的记忆力会加强，文思会大进，但是一定要天天写，不能间断啊，一间断就不灵啰！”

我那么爱它，当然每天用它做笔记、写日记、抄英文生字，果然觉得自己文理愈来愈通顺，英文字也愈写愈漂亮，连美国老师都夸我大有进步了。它真是一支魔笔呢！我心里好高兴，清早上学，第一件事就是摸一下胸前的翡翠自来水魔笔。

有一天，我正得意地又跑又跳，一不小心，跌了一个大跟斗，笔从套子里脱落下来，笔尖跌开了叉，再也不能使用了。我大哭起来，老师以为我跌痛了，其实膝盖跌破皮出血算得什么？伤心的是我没有了魔笔，以后再也写不出流利的日记和漂亮的英文字了。我边哭边写信告诉姑丈："魔笔开叉不能用了，我的一切都完了。"姑丈的回信很快就来了。他说："小春，我送你的那支自来水笔，确实是魔笔，你只要勤勤奋奋用它写字，一天也不曾间断过，你的手就会把所有的笔都变成魔笔，随便拿起什么笔，都会写出一样流利的日记、漂亮的英文字来。不信你马上试试看，仍旧天天写，不要间断。"我只好听他的话，耐着性子拿起蘸墨水钢笔来写。说也奇怪，原来涩涩的笔尖，竟然也变得滑溜起来。写出来的字，并不比翡翠自来水笔差，这是什么道理呢？我跑到学校问老师，并且把姑丈的信给她看。老师点着头，笑眯眯地说："你姑丈的话一点不错。你知道吗？魔笔并不挂在你胸前，而是握在你勤快的手中。你天天写字，天天用心思想，用脑记忆，你就永远握有一支魔笔了。"

姑丈和老师的话，我到今天还牢牢记得呢。

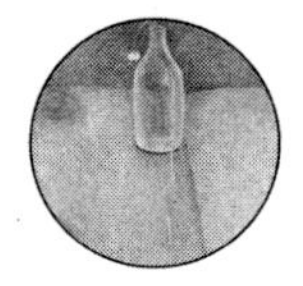

孔雀错了

我念初中的时候，每回作文发下来，都是密密麻麻的连排红圈圈。尤其是那个大大的“甲”字，好像咧开一张四四方方的嘴在对我笑。和我并排儿坐的同学名叶曹萱玲，她总是瞪着一双滚圆的大眼睛看老师给我的批语。我就索性示威似的把作文簿摊开来，摊在她鼻子底下，面露得意之色。

可是轮到英文课呢！她的考卷分数就总比我高一点了。原因是她的字写得比我清楚漂亮，造句也造得好。我呢？老是挂灯结彩的，东一团墨水涡上了，西一堆用橡皮擦得糊里糊涂的。尽管文法不错，拼音不错，看去总没她的卷子眉清目秀。所以老师给她的批语是“very good”，我的呢？总少了个“very”。她也常常把考卷向我这边一摊，我一看就没精打采了。我心里想，如果她的英文没有这样好，我不就是全班第一个“文学家”了吗？于是每回考试时，我真希望她多错一道题，我就可以胜过她了。看她的神情也正是一样希望我的作文少几个圈圈，或是“甲”字下面多个“下”字。

我们彼此这样在心里暗暗地忌妒着，感到很不快乐。有一次，老师给我们讲了一个故事，她说：“有两只孔雀，羽毛都非常美丽。它们的尾巴开起屏来，真是漂亮极了。但是它们心里都想，如果我同伴的羽毛没有我的美丽，我不就是第一美丽了吗？于是它们就对啄起来，把彼此的尾巴都啄得七零八落的。它们的尾巴都不再美丽，再也不能开屏了。你们想想孔雀不是大错特错了呢？它们应当相互竞争，好好爱惜自己的羽毛，努力把尾巴张得漂漂亮亮和对方比赛，却不应当啄对方的羽毛。它们太愚笨了！”

讲完故事，老师慈祥的眼神向我们望来，我惭愧地低下头去。偷偷看曹萱玲，她也正在看我，笑了一下，我也不好意思地笑了。

下课以后，我们一同蹦蹦跳跳地走出课堂，到草地上拍球、踢毽子。抬头看见老师正倚在窗口向我们笑眯眯地望来。在她的眼神里，我们一定是一对友爱的孔雀，在亮丽的阳光里，大家都努力开屏，却不是彼此对啄羽毛呢。

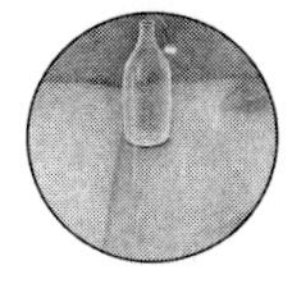

木鱼的故事

○
○
○

小时候，我只要又蹦又跳又笑的，外公就说："看你的嘴巴咧得跟木鱼似的。"我就会用小拳头敲着自己的两颊喊着："木鱼、木鱼，快快把肚子里的经典吐出来呀!"

木鱼肚子里怎么会有经典呢？看妈妈坐在佛堂里念经，用小木槌敲着木鱼，嘴里念得又快又好听，我就想到是木鱼把经都从它张着的大嘴巴里吐出来，让妈妈捡到了。因为外公给我讲过木鱼吞经的故事：

唐僧去西天取经回来，走到一条大河旁边，一看没有渡船，正不知如何才能过去，却看见一条大鱼慢慢向他游来，张开大嘴和唐僧打招呼说："师父呀？您要过河吗？来，爬在我背上，让我背您过去。"唐僧惊奇地问："你这条鱼怎么会说话呢？"大鱼说："我修炼了好多年，已经快要得道成仙了，今天也是有缘，遇到您这位虔诚的师父。让我为您效劳吧。"唐僧非常感谢地伏在大鱼背脊上，双手紧紧捧着宝贵的经典，让它背着慢慢游向对岸。

游到半中央时，大鱼心里忽然想道："听说这些经典代表着最最高的智慧和福泽，唐僧千辛万苦向西天求来，如今全部都在我背上，如果我把这些经典统统吞下肚子去，我不就可以马上得道成仙了吗？"想到这里，大鱼完全忘掉开始原是要帮忙唐僧的那番心意，就渐渐地把身体向河心沉下去，把唐僧整个淹没在水里。经典也纷纷散落在水中，大鱼就拼命张大嘴巴一本本把经典吞下去。正在这个时候，唐僧的徒弟孙悟空赶到了。他一把救起师父，又赶紧抢救经典。但是一大串已经被大鱼吞下肚子了。孙悟空愤怒地捉住大鱼，从耳朵里抽出金箍棒，使劲敲打它的肚子，大鱼忍不住痛，才把经典一本一本再吐出来，但是仍有一小部分没有吐出来。孙悟空指着大鱼责备说："你这条大鱼，既愚蠢又有私心，哪里还成得了仙，悟得了道。现在罚你做条木头的鱼，一辈子在佛堂前面趴着，供善男信女们敲打，也好赎赎你的罪过。”

因此这条大鱼就变成了一条木鱼，摆在佛堂前的香炉边，和尚念经时用木棰敲着它的大脑袋瓜，要它把剩在肚子里的经典再吐出来。可怜的大鱼，只为一念之差，永远得忍受着枯涸和被敲打的痛苦。不知要经过多少亿万次的敲打，才能抵得过它的罪孽呢？

外公讲完故事，又对我说：做好事、做坏事，都只在一念之间。大鱼原打算帮助人，由于一点自私心，反转生害人之心，实在太可惜了。何况天下哪有那么不劳而获的事，别人辛苦得来的成果，怎么可以占为己有呢？

木鱼吞经的故事，外公讲了又讲，我的嘴虽然咧得像木鱼，却不能像木鱼那么贪心呢。

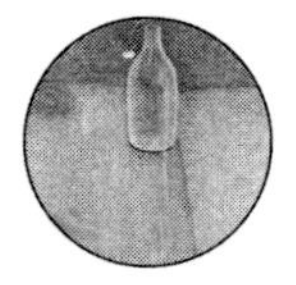

玳瑁发夹

○
○
○

那枚真正的玳瑁发夹，早已不知去向。现在梳妆盒里保存着的，是一枚深咖啡色塑料质的、形状是一只翩跹起飞的蝴蝶，非常像我几十年前丢失的那一枚。是我偶然在地下车的小摊位上发现，特地买回来的。有时把它取出摸摸看看，也试着别在头发上，但因两鬓渐稀疏总是滑下来，而且现在也没有这种打扮了，就把它留下来作纪念。

真的玳瑁蝴蝶发夹，是早年一位姑妈从上海带来送我的。当时若是什么东西从上海买来，就像从美国或欧洲来的一般稀奇。于是我把它带到学校献宝，同学们当然抢着观赏，不胜羡慕。一位有艺术天才的同学沈琪，最喜欢拿人家头发变花样，在自修课时，她用自己口袋里带的小木梳，把我又乌亮又多的头发，在前额正中盘起二个圈圈。把玳瑁蝴蝶夹子别在发根。我在小镜子里一照，觉得自己像画里画的古装“美女”，就得意非凡起来。好在下一节是图画课，图画老师是位温和的好好先生，我就留着古装头舍不得拆掉。

图画课堂声音太吵，隔壁课堂的纠察队报告了校长，校长就咯咯咯地踩着那双响亮的拔佳皮鞋来查堂了。一听到她的皮鞋声，全堂立刻肃静得鸦雀无声，反把图画老师吓了一跳。

校长直向我走来，厉声地问：“潘希真，你为什么梳日本头?”

我才想起自己的三朵花发髻，却壮起胆子说：“校长，这是古装头，不是日本头。”

“不管什么头，做学生都不准梳，而且除了黑色铁夹子，任何有花的夹子都不许别，你难道不知道吗?”

我已经吓得哭起来了。坐在后排的沈琪，伸手三两下把我的头发抓开，取下了玳瑁蝴蝶夹。

“给我。”校长又大声地说。

沈琪理也不理，把夹子丢在我的铅笔盒里。

“给我。”校长盛怒地伸手去取。

也不知哪来的勇气，我一把将发夹抢在手里，捏得紧紧的。校长说：

“我不记你过，但发夹要留在我这里，星期六你回家时还你。你在家里可以戴，外出不穿学校制服时可以戴。但穿制服、别校徽时就不能戴，你记得吗？”

“校长，她的发夹是黑的，跟头发一个颜色，黑的铁夹子可以别，为什么黑的玳瑁夹子不能别，又不是翡翠别针呀！”沈琪毫无忌惮地说。她是班上胆子最大、反叛性最强的。她长得很漂亮，雪白细嫩的皮肤，红红的嘴唇，校长老是冤枉她搽抹胭脂，气得她直跺脚。有一次，她硬是拉着舍监“裘奶奶”（同学们背地里对舍监的称呼）到盥洗室，当着她面用肥皂毛巾使劲地擦脸给她看，要她向校长证明，她的白里透红是天生丽质，不是搽粉抹胭脂，因此“裘奶奶”和校长都很不喜欢沈琪。有一次，沈琪从家里带来一只翡翠别针，别在制服大襟前，被裘奶奶一眼看见，一声不响地就伸手把它摘下来，交给了校长。校长把沈琪叫到办公室，狠狠给了她一顿大菜（我们称训斥为“吃大菜”），说她太贵族气，怎可把贵重首饰带到学校里来，完全忽视校规，要被警告一次。翡翠别针由校长收着，当面交还她母亲。

那次沈琪听训完，就跑到训导主任沈先生面前，振振有词地说："戴一下翡翠别针不过是好玩，没有半点炫耀的心意，校长说我贵族气是不公平的，校长自己才贵族呢！皮鞋永远穿名牌拔佳的。"

沈先生笑嘻嘻听着，等她说完了，才慢条斯理地说："校长也知道你是为了好玩，但穿制服戴翡翠别针很不调和，所以说你贵族气。你是学生，自然应当守校规。校长并不受穿什么牌子皮鞋的限制。为了穿得整洁、高雅，她当然可以选择自己认为坚固又美观的牌子穿。她劝你不要戴别针是要你守校规、不是个人和你过不去。校规不是校长一个人定的。校规是团体生活的规范，个人的意愿喜好与群体规范有抵触时，一定要牺牲个人的意愿与喜好，遵守群体规范，人类社会才会和谐，才会有进步。做学生时代，就要养成这种好习惯。你只要多想一想，就不会生别人气了。"

我们一群同学，为了关心沈琪，都拥在训导室的门口听。觉得心平气和的沈先生，讲得满有道理，就把气鼓鼓的沈琪拉回课堂。但她一直不开心，所以这次为了我的蝴蝶发夹，她就想起翡翠别针被摘下，刻骨铭心的那件事，因而借题发挥，故意提起翡翠别针。她说话时，一脸的满不在乎。

校长转脸向她说："我现在不是问你，你用不着插嘴。"她又盯着沈琪看了半晌说："你的头发又长过耳根了。星期六回家要剪短，如不剪短，我就请裘先生给你剪。"

"裘奶奶，谁要她剪？"沈琪冲口而出。

"你叫她什么？"校长大声地问。

我们都替沈琪捏了一把汗。谁知她马上装出一脸的笑说："我们都喊她裘奶奶，她照顾我们就像个慈爱的奶奶。你们说是不是呀？"

沈琪把"慈爱"二字提得特别响，一对顽皮的大眼睛向我们一眨一眨的，故意要征求同意。我觉得她的受责完全起因于我，就立刻挺身响应："是啊，我们都喊她裘奶奶。"

后面有的同学，忍不住吃吃地在笑。

大家一时都忘了现在是上图画课，也都忘了好脾气的图画老师。回头一看，原来他一个人站在黑板前面，用粉笔画了一幅画，画的是校长生气地瞪着我的三朵花古装髻，蝴蝶发夹却在半空中飞着、一群同学围着拍手。

校长看了一眼黑板，倒没有怎么生气，却是无动于衷的样子，皮笑肉不笑地对画图老师说："你是艺术家，不会管束孩子。”就转身噔噔噔地走了。

幸运地，她忘了蝴蝶发夹仍旧捏在我手心里。

我们寄宿的同学，八人一间房子，每到周五晚上，熄灯以后，总是坐在床上，摸黑用一条条碎布，把发梢一绺绺扎紧卷起来。裘奶奶的探照灯电筒一照，一个个都躲进被子，把头一蒙。但爱美是女孩儿天性，在被子里仍旧辛苦地把发梢卷好，第二天早上一打开，发梢就向里弯，软蓬蓬的非常好看。因为星期六只有半天课，下午要回家了，走出尼姑庵似的校门，就得漂亮点呀。

走到校门口，向慈爱的工友老头一扬手说声“明天见”，非常神气地走到马路上，头发一甩一甩的，很有风度的样子，因为自觉头发一点也不清汤挂面。

训导主任沈先生，是位和平中正的好老师。他不像校长一天到晚绷着张油光发亮的脸。他总是微露一排龅牙，中间夹着一颗亮晶晶的金牙，不笑也像在笑，一说话更是满脸的笑。我们受了校长的斥责。总是向他去诉苦。我被摘下蝴蝶发夹，也是直奔沈先生，埋怨校长管得太严了。女孩子要漂亮，头发上变点花样，也是生活上的一点调剂呀。

沈先生笑嘻嘻地听着，把一颗金牙完全露出来，慈爱地对我们说："学校规定你们头发的长度，也不许戴饰物，第一是为了表现团体精神。整齐划一就是一种美。第二是让你们专心学业，不为头发留什么式样而分心烦恼。第三是节省你们梳洗的时间，都是为你们好呀！"接着他讲了个笑话给我们听：有一个人，天天为头发梳什么样式而烦恼，烦恼得头发掉到只剩三根，还要去理发馆梳头，她请理发师给她梳根辫子，梳着梳着，头发掉了一根，只剩两根了。理发师抱歉地说："辫子编不成，就给你搓根绳子吧！"谁知一搓两搓，又掉了一根，连绳子也不能搓了。她生气地说："你真不小心，算了算了，现在我只好披头散发地回家了。"我们都笑得转不过气来，沈先生说："这位女士只有三根头发，多么可怜，你们有满头的乌云，梳个自自然然的学生头，最漂亮不过。你看我就不留西发，只剪个平顶头，自己觉得很舒服、很精神就好了。"我们都觉得沈先生的平顶头很漂亮，和他的笑口常开很调和，无论他穿长衫或中山装和平顶头都很配合，并不一定要留时髦的西发。我们都很敬爱沈先生，他劝告我们的话，我们都接受。星期六回到家中，将校长对我的责骂和沈先生对我的开导，都告诉送我玳瑁发夹的姑妈。姑妈说：

"他们两位都是好老师，学校就像一个家，家有家规，校有校规。一个严厉，一个慈和。这样你们的身心才能平衡。我想校长内心一定也是很宽容的。不然她就不会聘请一位这样慈和的沈先生当训导主任。这叫作宽严并济。”

姑妈是新派人物，女子师范学堂毕业。她一定很懂得教育心理吧！

我们谈着谈着，她就取出一把烫发钳，一盏酒精灯，把钳子放在灯上烧热了，把我前额的刘海微微卷一下，再为我别上玳瑁发夹，我对镜子一照，顿觉自己容光焕发起来。倒觉得在学校里梳着一律的直短发，不必比来比去，放假回家，稍稍打扮一下，格外的轻松快乐。姑妈说：“明天星期日，我们逛商品陈列馆去，你喜欢什么我给你买。”在当年，逛商品陈列馆就像今日逛大都市的购物中心，自是快乐无比。其实，所谓的商品陈列馆，只不过是一座较大的半旧楼房，上下两层走马廊，一间间陈列着不同的商品，如衣料、饰物、玩具、文具等等，货色并不多，但在我们小孩子眼中，已经是琳琅满目、美不胜收了。

逛商品陈列馆是一件大事，我真想打扮一下，但取出所有的衣服，穿来穿去，对着镜子照照，总觉得没有穿学校制服看去顺眼又活泼。所以换了半天，还是穿回我的学校制服，只是没有别校徽，因为我烫了一点点前额的刘海，又戴了玳瑁蝴蝶夹子，生怕被校长碰见，又要吃大菜。

姑妈问我要买什么小饰物，我虽看着喜欢，也都不想买。因为想想反正都穿制服，没有机会戴，自自然然地也就俭省起来了。

姑妈一直非常朴素。她说在学校时，头发也受很大限制，当时心里很不平，常想着，离开学校，第一件事就是烫一头最摩登的头发。但是真正到离开学校以后，倒有点留恋当年全校整齐划一的穿着与发型。尤其是同学之间，由于衣着一致，发式相同，彼此格外有一份像姊妹似的亲切感。在街上看到穿自己学校制服的同学，即使不同班的也会亲热地打招呼。她又说由于住校的简朴生活，养成勤俭的习惯，这是她离开学校以后，才深深体会到的。所以她劝我说："你现在不免埋怨校长管得太严，以后你也会怀念她的。"

姑妈的话一点不错，我后来回想起校长的言笑不苟，同训导主任沈先生的未讲先笑，真正是宽严互济的教导方法。想起校长一身朴素而高雅的衣着，配着她那双平整闪亮的名牌皮鞋，显得她格外的威严了。配合着沈先生的温和开导与启发，使我们对群体生活规范有了深深的体认，也养成了整齐、节俭、勤劳的好习惯。因此对两位老师，我都怀着同样的感激，深深的感激。

也由于姑妈的一番开导，对她送我的玳瑁发夹，也就格外地珍惜了。

几十年来的生活变迁，许多心爱的纪念品都散失了。玳瑁发夹固已不复存在，而这个形状相似的塑料仿制的蝴蝶夹，仍使我想起少女时代的顽皮憨态。揽镜看两鬓飞霜，不免对自己莞尔而笑！

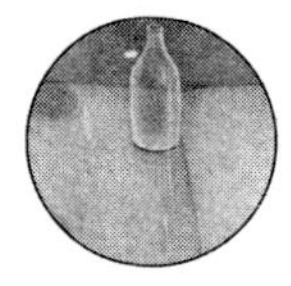

玻璃珠项链

〇
〇
〇

琳琳和珍珍是五年级的同班同学，她们高矮相同，脸都是圆团团胖嘟嘟的，位置又刚好是前后排坐在一起。因此她俩总是手牵手同进同出，感情愈来愈好。同学们都说她俩就像是一对双胞胎。她们自己觉得彼此息息相关，情同手足。于是就相约，一定要有福同享，有难同当。有什么吃的、玩的，都要两人分享。同学们都羡慕地称赞她俩手足情深，连老师都夸她们是班上一对亲爱的双胞胎。

有一天，琳琳的妈妈给琳琳买了一串水晶玻璃的项链。琳琳把它带到学校里向同学们献宝。下课休息的时候，每一个同学都试着在脖子上挂一下，荡来荡去过过瘾。轮到珍珍挂上的时候，她对琳琳说："明天星期六晚上，妈妈要带我去看戏，你把这串项链借我戴上，和戏台上的亮晶晶花旦比一比，看哪个漂亮。"

琳琳迟疑了一下说："不行吔，明天晚上妈妈也要带我去参加喜宴，我一定要戴这串项链的呀。"

珍珍说："那就算了。"可是她心里有点不太高兴，想起上一个星期，自己刚刚把一个别出心裁，用金银丝线编结出来的别针送给琳琳，现在向她借一下珠链都舍不得，还说什么手足情深，有福同享呢？

在上算术课时，琳琳有一道题写错了几个数字，在书包里找不到橡皮擦，就向珍珍借用一下。珍珍的橡皮擦是新买的，红绿蓝三色，非常漂亮，放在铅笔盒里很醒目，可是当琳琳向她借用的时候，她却说："我不借你，因为我现在就要用。"说着就拿起橡皮擦来使劲地擦。

琳琳说："好小气啊，橡皮擦都舍不得借一下。"珍珍马上说："你才小气呢，珠链子不舍得借一下。"琳琳说："我是自己真的要戴呀。"珍珍说："我也是自己真正要擦呀。"

再也没有想到，这一对好朋友会为这一点小事不开心了。

放学时，她们没有手牵手地走出校门，同学们都觉得好奇怪。

第二天上学时，她们心里都很后悔，闭着嘴，同学们都好替她们着急。

下午的唱游课，老师要同学表演一个节目，是临时自编自演的。老师看出琳琳和珍珍今天神情有点不对，就故意点了她们俩，再加上另一个同学，她是班长，三人同演一出短剧。班长比较老练，演妈妈，在扫地，琳琳、珍珍演两姊妹，珍珍就在书桌上写字，抬头喊道："妈，我好饿啊，有什么吃的没有?"琳琳在地板上看画报，一声不响。她心想，我就一直不作声，演哑剧好了。演妈妈的问："去厨房里看看有什么吃的!"珍珍站起来跑到自己座位的书包里，拿了两块饼干，自己吃一块，递给琳琳一块说："琳琳，吃饼干。"琳琳感到很不好意思，又感激地接过来说："谢谢你，珍珍姐姐。"演妈妈的说："琳琳这几天有点无精打采，你陪她练练钢琴吧!"一提起钢琴，琳琳就好难过，因为她感到自己没有音乐细胞，老师总是责备她。于是她生气地说："我最讨厌钢琴，我才不要练呢!"她眼睛瞪着珍珍，仿佛珍珍就是钢琴老师。没想到珍珍却和蔼地说："琳琳，不要生气嘛，来，我陪你一起弹，就弹那首我们都很熟的Long Long Ago好吗?"

她们走到教室的钢琴边，并排儿坐下来，一同弹出她们最喜欢最熟的那首曲子来。弹完一首，琳琳跑到座位上，从书包里取出一样东西，对珍珍说：“你闭上眼睛，伸出双手，我送你一样东西。”珍珍伸出手，感到手心里落入一样沉甸甸光滑滑的东西，睁眼一看，那不是琳琳的玻璃珠项链吗！琳琳问：“珍珍，你喜欢吗?”珍珍说：“我当然喜欢啦，可是，这是演戏吧。”琳琳说：“不是演戏，我真的把它送给你，我们是真的手足情深呀。”珍珍马上跑去拿了三色橡皮擦给琳琳说：“这是给你的。”

全班同学都拍起手来，老师弹起钢琴，带领大家合唱：“兄弟姊妹，如足如手，欢乐同享，患难同当。相亲相爱，如足如手……”

琳琳和珍珍都感动得掉下泪来。同学们一齐拥上来，围着她们，因为她们言归于好的快乐，深深感染了大家。

放学时，琳琳和珍珍又手牵手，一同走出校门。琳琳有点羞涩地对珍珍说：“我真羡慕你弹琴的手指那么灵活，就像小鸟儿在琴键上跳舞似的。我好生气自己的手指那么僵硬，今天若不是你陪我弹，我一定弹不好。”

“你的手指一点也不僵硬，我们的手指都是小麻雀儿，一同跳跃得好开心啊!”珍珍把琳琳的手捏得紧紧地，又亲昵地喊了一声：“琳琳！这串玻璃珠项链，是我们两个人的，有时你戴，有时我戴，我们连在一起，永远不分离。”她们的两只小手儿捏得更紧了。

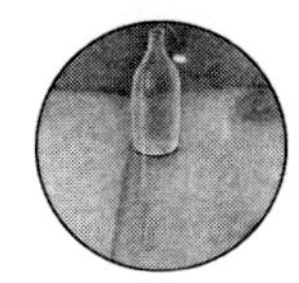

幼儿的心愿

○○○

小威威才满两岁，一张圆圆的小嘴，英文夹中文，说个不停。

妈妈问他："威威，你长大了要做什么?"

"要当大大。"他很快地回答。

"我知道威威长大了要当 doctor。"只有妈妈才听得懂他的话。

有一天，他靠在窗子上向外看。忽然高兴得又跳又叫，妈妈奇怪地问他："你在看什么?"

"看倒倒。"他马上又说，"我要当倒倒。"

妈妈说："我知道，威威长大了要当 doctor。"

"不是 doctor，我要当倒倒。"他小手指着窗外。

妈妈走到窗边，看见巷子里进来一辆垃圾车，正在把桶子里的垃圾倒进车子，机器隆隆地响。妈妈恍然大悟，原来小威威是羡慕八面威风的倒垃圾的清道夫，才说要当倒倒。妈妈生气地说："没出息，怎么当倒倒？要当 doctor 呀。"

小威威心里一定在想，妈妈为什么一定要他当 doctor？当倒倒多好玩呀！他想要当的，是他最羡慕的人物啊！

我儿子幼年时，我们不让他随便开冰箱，于是他最喜欢说的一句话就是："我长大了要当修理冰箱的电器匠。"那样，冰箱就可以由他随便开了。

我回想自己幼年时，最大的志愿是"长大了要当小学老师"，我就可以叫别人背书，打别人手心了。

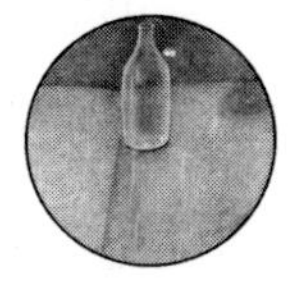

变戏法的老人

○
○
○

现在的许多观光饭店，都有特别节目以娱乐嘉宾。有的歌唱，有的表演魔术。坐在变幻的灯光里，一面吃着豪华的酒席，一面欣赏节目，好不惬意。可是看着魔术师讲究的衣着和他脸上取悦观众的笑容，我心里总像有说不出来的感触，因为我又想起了家乡那位变戏法的老人，和他那一身褴褛的衣衫和脸上带泪的微笑。

我小时候，总喜欢和小帮工阿喜在后院晒谷场上玩，尤其是冬天，晒谷场上晒满了蕃薯条和萝卜丝，我帮着阿喜用竹耙子一边耙翻，一边捡起被太阳晒出糖汁的番薯条来吃，又甜又带一股太阳香，所以我们叫它番薯枣。晒番薯枣的日子，我是连饭都不想吃了。

有一天，一个肩上背普蓝布袋的老人，走到后门口来，只是向我们看。阿喜问他："这位老伯伯，你是外地人吗？我以前没见过你呢。"老人说："我是过路的，要回家乡去，想挣几个盘缠，我会变戏法。"一听变戏法，我马上跑上前去央求说："伯伯，变个戏法给我看好吗？"他摸摸我的头，俯身在地上捡起一根稻草，摘成许多段，往左耳里塞进去，咳嗽一声，马上伸手从右耳挖出来，仍旧是整根的稻草，我都看呆了。阿喜说："你一定有两根稻草，那些摘断的一定还在你耳朵里。"老人俯下身说："你看看耳朵里有没有？"耳朵里是空的，老人确实有本事。他又拿起一张长凳，凳脚顶在鼻梁上，长凳就直直地竖起来了。这时小叔叔走过来，他拍手嚷着："真功夫！真功夫！"却拿了一张软软的纸给他说："你能把这张纸顶起来吗？"老人不慌不忙地把纸对角折了一下，就把它像船帆似的撑在鼻梁上了。看得我们真是佩服。阿喜抓起一大把番薯枣递给他说："老伯伯，你先吃点，我去请太太拿钱。"

母亲也出来了，她给了他五角银角子，外加一升白米。那时代，五角钱真是好多好多，因为一块银元可以买两百个鸡蛋了。老人接过白米，倒在布袋里。五个银角子紧紧捏在手心里，连声说："太太，你真高升（钱给得多的意思），一定添福添寿。”小叔叔说：“老伯伯，教我们一套戏法好吗？”他说：“戏法都是哄人的，顶板凳才要下苦功啊！”母亲感动地说：“哪样事不要下苦功呢？老伯伯这么大年纪了，还在练呢。”母亲眼睛看着小叔叔和我。老人也看着我们，很怜惜的样子。他慢慢地从贴肉口袋里摸出一只旧兮兮的婴儿软底鞋，递给我看，颤声地说：“这是我孙女儿的鞋子，她现在一定跟你一样大了，我不知道她现在在哪里，我们一家被大水冲散了。我一直在找她。”他的眼泪流下来了。我摸着那只软底鞋，看看自己的脚丫子已经这么大了，不由得也流下泪来。母亲说：“老伯伯，你放心，你一定会找到她的。骨肉连心啊。”

阿喜不知在什么时候已用麦秆子做好一只小麻雀，递给老人说：“老伯伯，你边走边吹这个小麻雀，吹你从前抱她时唱的歌儿，她就会听见的。”老人越发泪流满面，万分感谢地接过去，连声说：“我会吹，吹那个鸡鸡斗，雀雀飞，飞到高山吃白米。她会听见的。”小叔叔说：“老伯伯，我们也帮你唱、帮你找。你们很快就会团圆的。”

变戏法的老人谢了又谢，背普蓝布袋慢慢儿走远了。可是他一直没有走出我的记忆，不知他究竟找到那个跟我一样大脚丫子的孙女儿没有。

第四辑

童真：青灯有味似儿时

想想一个人，一生真不知道要经过多少大大小小的惊险。没有长辈可以依赖时，就得自己镇静下来，不要忧愁，不要恐惧。

捉　惊

○
○
○

在变换季节的天气，忽寒忽暖，一不小心，就会感冒风寒。如今医学发达，各种治感冒的药，不必医师处方，随处药房都可以买到，服上几天也就好了。在我们那个古老时代，可没这么多种红红绿绿的止咳药水、退烧药丸。要想看西医，就得跑几十里路去城里挂号。在乡下人来说，可真不简单。所以小孩子有点小病小痛的，都是长辈们各显神通自己治。我小时候最容易伤风停食，因为我贪吃，又爱边吃边在风地里跑，每回伤风都是来势汹汹，母亲急得手忙脚乱，如果给我灌了午时茶，浑身擦过生姜汁仍退不了烧的话，母亲就会想到“捉惊”那一招了。

什么是“捉惊”呢？病人又为什么要捉惊呢？原来，“捉惊”是一种“法术”。凡是小孩子野得太厉害，忽然病了，大人们就说一定是冒犯了哪一位土地公公，或是碰到了喜欢捉弄人的小鬼，给你吃点小小的苦头，让你发高烧，浑身打哆嗦。那就非得请人来念一套咒语，施一套法术，把所受的惊给捉出去，病才会好。

那一次我也是发高烧，浑身打哆嗦。母亲用自己的额角在我额头上碰一下，我只觉得她的额角凉凉的，就知道一定烧得不低。那时没有体温计，测量体温全靠这样额角碰额角试出来的。母亲这一试，就决定要请姑婆给我捉惊了。我迷迷糊糊中一听说姑婆要来，心里就高兴起来，因为姑婆好疼我。她来了就会一直坐在我床边，讲山乡地方奇奇怪怪的故事给我听。还有，她不像母亲那样不准我病中吃这吃那，她总是偷偷地喂我半碗蜜糖稀饭，不让我小肚子饿得咕噜咕噜地响。

那天姑婆很快就来了，她迈着小脚，走到我床边，捧着一碗米，嘴里咕哝哝念念有词。念完了，把我贴肉衬衫脱下来，蒙在饭碗上，放在我胸口，又轻声念起“经”来。我听不懂“经”，但姑婆的声音像唱歌，实在好听，她边念边用双臂把我连被子搂得紧紧的。母亲帮着抱住我的双脚。我只觉浑身火烫，是一种好舒服好安全的烫，身子像腾云驾雾似的飘飘荡荡，迷迷糊糊，渐渐地就睡着了。醒来时一身大汗，见姑婆和母亲仍旧紧紧搂着我。母亲看我睁开眼来，就用毛巾给我擦额上的汗，姑婆连声说："好了，好了，惊已经捉掉了，等汗收干，烧就退了。"我真的觉得舒服很多，问姑婆："你怎么知道惊已经捉掉了呢？"姑婆说："热退了，就是惊捉掉了。"我又问："惊是什么样子的呢？"姑婆捏了下我的扁鼻子说："我也没看见惊是什么样子，不过它一定是从你鼻孔里跑出去的。"我咯咯地笑起来，又央求姑婆给我喝点蜜糖稀饭。母亲这回倒不坚持了，竟给我端来一小碗西湖白莲藕粉。说是父亲从杭州寄来的。姑婆连忙接过手来，一匙一匙地喂我，啧啧地说："真香，藕粉止咳又清肺，比什么药都好。"我说："姑婆，你也吃两口呀。"母亲说："我已经另外冲了一碗给你姑婆了，姑婆的法术就跟神仙一般。"我眯着眼睛看姑婆，她圆圆的脸，方方正正的额角，真的像神仙呢。

现在想起来，所谓的"捉惊"，其实就是去风寒的方法。念咒语的美妙声音，听来就是催眠曲。那碗米放在胸口，只是让我心思集中，身子别动，被慈爱的姑婆和母亲紧紧地搂在怀中，是多么的快乐和安全。睡一个觉，出一身汗，烧自然就退去了。她们认为土地公公给我的惊自然被捉去了。

想想一个人，一生真不知道要经过多少大大小小的惊险。没有长辈可以依赖时，就得自己镇静下来，不要忧愁，不要恐惧，用自己的机智和毅力，把身体里所受的惊给捉出去，你就能永远保有健康的身心了。

幼儿看戏

○
○
○

有一次看平剧，台上演的是芦花荡，周瑜与赵云正杀得难解难分。听后排一个小男孩问他爸爸：“这两个哪个是好人，哪个是坏人呀？”做爸爸的回答：“两个都是好人呀！”小孩又问：“两个好人为什么要打架呢？”爸爸说：“好人跟好人有时也会打架的，你不是有时也常常跟哥哥打架吗？”孩子不作声了。过了一下又说：“爸爸，我不要跟哥哥打架了，我是好人，哥哥也是好人嘛。”

我听得乐不可支。过一阵，周瑜又与黄忠打起来。小孩又问：“爸爸那个穿黄衣服的年轻人，胡子为什么这么白呀？”爸爸说："那是假胡子，他要扮老人呀！"小孩说："不要扮老人嘛，难看死了。"

我忍不住笑出声来，回头朝他看。他正用一条白围巾蒙住自己的下半边脸，模仿台上黄忠的白胡子，发现我在看他，不好意思地放下围巾，噘起小嘴说："我不要白胡子，我不要当老人。"他的一派天真可爱使我再也无心看台上的戏了。我也不禁想起自己幼年时，坐在外公的怀里看戏的情景。我最喜欢看诸葛亮与关公，他们一出来，我就合掌拜拜。关公的马童一翻筋斗，我就拍手。我不喜欢周仓、张飞，因为他们的脸太大太黑了。

外公边看边讲笑话，他说关公在台上把桌子一拍，喊一声："周仓在哪里？"周仓正在台下摘下胡子吃馄饨，听关公喊他，连忙上台，却忘了戴胡子。关公一看他下巴光溜溜的，又把桌子一拍说："叫你爸爸来。"周仓一摸下巴，连忙下去把胡子戴了再上来，喊一声"周仓来也"。

外公说完了，边上的人都哈哈大笑，我好高兴外公出了风头。

最高兴的是第二天，戏班子全体到我家来游花园。我看出好几个人脸上的油彩都没洗干净，就问哪个是关公。那个演关公的就指着自己的鼻子尖说："是我、是我。"我说："你是忠臣，我最讨厌曹操，他是奸臣。"那个演曹操的大笑说："我是演奸臣的，你看我是好人还是坏人?"我看他一脸和气，摇摇头说："我不知道。"他说："我也是好人呀。"我说："你不要演坏人嘛!"他说："都要演好人，坏人谁演呢?"我有点迷惘了。外公说："台上的坏人好人你分得清，台下的好人坏人，就分不清。"我越发地糊涂了。

七八岁的童子，怎么懂得外公话里的意思。那时的我，不就跟现在后排那个孩子一样天真吗?

一撮珍珠

○
○
○

我有一撮珍珠，像米粒似的，细细小小，数一数，正巧五十粒，完完整整一个数字，我把它们装在一个像玻璃管似的小瓶子里。再加入一颗小小珊瑚珠，红白分明。不时拿出来，摇摇看看，倒在手心上，摸摸数数，再装回瓶子里，摆在书桌最顺手的抽屉中，因为我常常要取出来玩一阵的。

这一撮珍珠，既不圆润，又不光亮。却是弯弯曲曲、黄黄扁扁，每一粒上都有两个细小的孔。它们原是外祖母珠花上拆下来的。外祖母留给母亲，母亲留给我，真是极古老极古老的传家宝呢。

外祖母那个时代，医药不发达，人们有病，不是服草药，就是服偏方。有一年，外祖父生病咳嗽一直不好，听人说珍珠粉可以治咳嗽，外祖母就将所有的珠花拆开来，先拣出最大的，一粒粒嵌在豆腐里，用猛火蒸好几小时，然后用银锤子锤碎，碾成粉末，再和了酒给外祖父喝下去。究竟有没有效呢？谁也不知道，但外祖母是以全心的爱，和了珍珠粉给外祖父服的，所以外祖父的咳嗽真的好了。最后剩下五十粒，外祖母把它们包了留给母亲，说珍珠避邪，保佑她长命百岁。母亲在我出门读书那年，把珍珠为我塞在箱底里，给我避邪，保佑我长命百岁。

这是四十多年前的事了，珍珠的颜色因为年代愈久愈加转黄，但它们在我心目中，却是愈来愈宝贵。有时走过银楼，把鼻尖碰在玻璃橱窗上往里看，各色珠宝琳琅满目。珍珠种类好多，有纯白的，有粉红的，也有深灰色的，一颗颗又大又圆又亮，价格贵得惊人。我若是把自己的一撮珍珠摆在一起，一定会黯然失色。但那些珍珠再贵再好也是人工培养的，哪里及得我的是道道地地真正的珍珠呢？

聪明的阿拉伯诗人，给珍珠编了个故事，说在月光明亮的夜晚，牡蛎游上海滩边，张开嘴晒月光。天上正在哭泣的仙女，一颗颗眼泪刚巧漏落在牡蛎的心脏里，就变成了一粒珍珠。这故事多么凄美啊！其实珍珠的形成是非常艰苦的。原来是一粒沙子，偶然侵入牡蛎壳内，牡蛎当然感到很不舒服，就辛苦地蠕动柔软的身体，想把沙子排除出去。但沙子并没有被排除出去，却由于身体的蠕动，分泌出一种透明的液体，把沙子一层层包裹起来，蠕动越久，液体包得越厚，渐渐地凝固起来，成了一粒晶莹透亮的珍珠。贪婪的人类，从海里把牡蛎捞起来，挖出珍珠，可怜的牡蛎，却因此送掉生命。

我在美国圣地亚哥参观海的世界，看探珠的女孩，跃入水中，游到深水处摸起一个蚌，剥开来，里面有一粒珍珠，她问游客要不要买，我没有买。我不忍心眼看活生生的蚌为了吐出珍珠而死去。我立刻想起自己家里那一撮古老的珍珠。它们虽然并不晶莹透亮，但也是牡蛎辛苦的成果啊！

小　羊

〇
〇
〇

床边一本心爱的书里，夹着一张书签，上面画的是一只小羊，头上戴着暖烘烘的风帽，一对肥肥的耳朵从帽的两边伸出来。小脸儿稚嫩似婴儿，爱娇的眼神定定地望着你。下面写着一行字：

I have a soft place in my heart for you!

这张书签是一个小女孩送我的。她在信里写道："阿姨，您喜欢这只小羊吗？我也跟小羊一样，心中总有温柔的一角，时时想念您。”

我边看书，边抚摸着书签，带着温馨入梦。

每回对着这只稚嫩的小羊时，耳边也常会响起幼儿的歌声：

小羊、小羊，你有没有毛
有的、有的，三大包
一包给爸爸，一包给妈妈
一包给我做袍袍

这是我儿子幼年时爱唱的歌。他在后院里摘了一把草，小手指撮了几根给他爸爸，撮了几根给我，剩下的放在大围兜口袋里。

那胖嘟嘟的小人儿就在我眼前呢，光阴却一晃三十多年过去了。

但不知他是否仍跟这只小羊一样，心中总有温柔的一个角落，时常会想起爸爸和妈妈。

第一次坐火车

○
○
○

我出生长大在简朴的农村，童年时与小朋友们的玩乐，只有在后院踢毽子，或在长廊里滚铁环。后院是长工伯伯晒谷子和干菜的地方，长廊是妈妈晾衣服的地方。我们一不小心常踩到谷子，或碰倒了竹竿，长工伯伯就会大声地喊：“走开走开，到外面放风筝去。”可是放风筝要迎着风跑，不小心踩一脚的牛粪，害忙碌的妈妈又得为我洗脚换鞋袜。因此妈妈总是轻声轻气地对我说：“小春呀，去后河边看小火轮吧，小火轮快到了。”但是，从我家到后河边要走一大段狭窄的田埂路，我胆子小，总要等阿荣伯忙完田里的事，才能带我去。

有一次，慈爱的阿荣伯牵着我的手，从青布围裙大兜里掏出一个暖烘烘的麦饼递给我，边走边啃。小火轮嘟嘟嘟的汽笛声已经听得见了。我要快快地走，赶上小火轮靠岸时才好玩，阿荣伯说："不要急，小火轮慢得很，不比火车，火车才快呢!"一听说火车，我就跳着脚说："阿荣伯，我们去城里看火车好吗?"阿荣伯呵呵大笑说："傻姑娘，我们城里哪有火车？要先坐轮船到上海，才有火车，搭上火车就隆隆隆地一直坐到杭州了。"

上海、杭州，在我的小脑筋里，就像远在天边的神仙世界。爸爸老早答应要接妈妈和我到杭州，和亲爱的哥哥相聚，我就不只是一个人寂寞地踢毽子、放风筝了。

我把阿荣伯粗糙的手捏得紧紧的，心里想着嘟嘟嘟的火车，高兴地说："阿荣伯，我要爸爸也接你去杭州，我们一同坐火车，多好玩呀!"阿荣伯叹口气说："我老了，又是个乡下种田的，哪有福气坐火车呢？你将来到了外边，坐火车时，就多想想我牵着你的手，啃麦饼走田埂路的情形，写封信给我，画张火车的样子给我看看，就当我也坐过火车啦!"

我听着听着，竟然哭起来了。我明明是那么想坐火车，但因为阿荣伯说不能跟我一同去杭州，我舍不得他，就好像真的马上要和他分别了，心里好难过。

和阿荣伯分别的日子终于到来，爸爸派人来接妈妈和我去杭州。果然是先搭大轮船到上海，再坐火车到杭州。在轮船上望去大海茫茫一片，一点不好玩，风浪又大，妈妈和我都吐了。我心里想念阿荣伯，连火车都不想坐了，恨不得哥哥也回家乡，我们一同踢毽子、放风筝多快乐啊！

到了上海，在码头上，就看见爸爸牵着哥哥来接我们了。见到分别好几年，日夜思念的哥哥，我快乐得又跳又叫，但我又马上想起疼我的阿荣伯，就紧紧捏着哥哥的手，商量怎样央求爸爸，快点接阿荣伯到杭州，也让他尝尝坐火车的味道。哥哥说：“坐火车真好玩，靠在车窗口，看外面的青山田野，房屋桥梁，都向后面飞过去似的。火车上的蛋炒饭好香，还有红茶加一片柠檬，好好喝啊！”听得我恨不得马上就坐上火车。

第二天，我们就真的坐上火车了，我日思夜想的梦境实现了。哥哥说：“这是我第二次坐火车，你是第一次。”他点着我的鼻子尖说：“你这个乡下姑娘。”

爸爸和妈妈都沉默得彼此不说一句话，都把脸朝着窗外，也不知他们在想些什么。大人们真是怪怪的，我不去想他们的事，只顾同哥哥两个大声地抢着说话。

一会儿，服务员端来三盘蛋炒饭。哥哥和我合吃一盘。他说："饭里有火腿丁，好香。"我尝了一口说："没有妈妈炒的好吃，妈妈是喷了阿荣伯酿的红米酒的。"于是我就一五一十告诉哥哥，阿荣伯有多能干。田里的事，厨房里的事，都少不了他。他又会讲好多好多故事给妈妈和我听。哥哥说："到了杭州，马上写信告诉阿荣伯坐火车的情形。"爸爸说："过年时，我会接他到杭州玩一个月，你们可得好好跟老师读书哟！"

说起读书，哥哥马上就背了好几首唐诗给我听，听得我一愣一愣的。他又得意地说："老师不但教我读诗和古文，还教我读自然科学的书。我们现在坐的火车，就是运用蒸汽的力量推动机器的。"

说着说着，他就琅琅地念起一段课文来。我听不懂，他就一句一句解说给我听。直到如今，我仍记得牢牢的。他念道：

"煮沸釜中水，化气如烟腾。缩之不使泄，涨力千倍增。导之入广管，牵引运车轮。交通与工业，般般用其能。谁为发明者，瓦特即其人。"

哥哥说："瓦特是一位了不起的科学家。他幼年时，就绝顶聪明，看见茶壶里的水滚了，蒸汽把盖子都顶开来，就知道蒸汽的力量很大，后来就发明了利用蒸汽，推动机器，造福人类。”

我听了好感动，也很佩服哥哥的学问真好，哥哥说：“我将来也要做个发明家。”我呆呆地看着他，他脸瘦瘦的，手臂也细细的，我说：“哥哥，你要当发明家，就要多吃饭，长胖点，才有力气发明东西呀。”他大笑说：“你这个乡下姑娘，只知道吃饭，聪明的人是不多吃饭的，脑子才会灵活呀。”听得爸爸妈妈都笑了。

正说着，服务员端来两杯红茶，上面各漂着一片柠檬。盘子里两粒方糖。我们小孩子没有份。妈妈就把她的一杯给我们了。

柠檬红茶加上方糖，这是我梦想中的甜甜汤。高高的玻璃杯，浓浓的红茶，柠檬究竟是什么味道呢？我把鼻子凑上去闻闻，好香，忍不住先喝了一口，酸酸涩涩的。哥哥马上把方糖放进去，用茶匙调匀了，我们俩一人一口轮流地，慢慢地品尝。哥哥说：“这是你第一次坐火车，第一次喝柠檬茶，你这个乡下姑娘。”哥哥笑我是乡下姑娘，我一点不生气，我只要能见到新奇事物就好开心。

到了杭州，我们马上写信给阿荣伯。哥哥学问好，洋洋洒洒写了一大篇，详详细细告诉阿荣伯我们坐火车的情形。我说阿荣伯认不得多少字，别写太长了。我就在后面画了一条长长的火车，像一条正在爬行的蚕宝宝。

从那次坐火车以后，我就常常要求大人带我和哥哥去火车站看火车。听嘟嘟嘟的汽笛声。晚上睡觉以前，总要妈妈给我泡一杯柠檬红茶。妈妈说柠檬不像橘子，很难买得到，就用橘子皮代替。她说橘子皮更好，清肺补气的。爸爸觉得很有道理，竟然也喝起橘子皮红茶来了。

阿荣伯的回信来了。黄黄的粗纸上，画了一条大火轮，有汽笛，有门窗，窗子里伸出两个孩子的头，一定是哥哥和我吧！一个壮汉在船头把舵，边上写着："火轮火车一样好，橘子柠檬一样香，你们兄妹早点回家乡。"端端正正的字，我知道是他请唱鼓儿词的先生代写的。阿荣伯常请他代写家书给他侄子的。可是我看着念着，念着看着，想起阿荣伯牵我走田埂路去看小火轮的情景，就不禁眼泪汪汪的又要哭了。

在杭州的日子并不太快乐，因为爸爸很忙，他每天都去司令部办公，回来也少说话，总是很严肃的样子，连那次在火车上的笑容都再也没看到了。妈妈一天到晚静静地坐在房间里绣花。哥哥上学去了，我一个人好冷清。

不知为什么，爸爸忽然有一天不再去司令部办公，妈妈说他辞职了，而且要带哥哥去北京，命妈妈带我再回家乡。爸爸令出如山，我们活生生一对兄妹，又要被拆散了。这次我闷闷地坐在火车上，再也没心思看窗外的风景，也没心思吃鸡蛋炒饭、喝柠檬红茶了，没有哥哥同我在一起，什么都不好玩了。我心中怨恼爸爸，又想念哥哥。

回到家乡以后，就哭着向慈爱的阿荣伯诉说，阿荣伯直摇头叹气说："就这么一对亲骨肉兄妹，总要团聚在一起才是呀！你那个军官爸爸也不知是怎么个想法。你妈妈也太豆腐性子了。"后来我才知道，爸爸竟讨了个姨娘，把她安顿在北京，妈妈知道了，才气得宁可回家乡。但她为什么让爸爸带走哥哥呢？大人的事，我真搞不明白。现在又硬生生地要和哥哥分手，我哭得连五脏六腑都倒转过来了，难道妈妈不伤心吗？

妈妈带我回到家乡以后，像是变了一个人，整天咬紧嘴唇，不再有说有笑。在厨房里忙碌时，再也不像以前边做事边唱"十送郎""千里送京娘"了。有时坐在佛堂里低声念经，有时会恍恍惚惚地对我说："小春，那年我们一家坐火车由上海到杭州，你跟你哥哥抢着吃蛋炒饭，喝红茶，我跟你爸爸看着你们笑，现在想想像是一场梦呢。不去想了，只要你哥哥好就好。"我已渐渐懂事，知道妈妈的心有多苦。只好忍下满眶泪水，不说一句话。

阿荣伯渐渐老了。我们再也没心思一同去后河边看小火轮到埠的情景了。唯一盼望的是哥哥的来信。火轮到时，好心的邮差会特地把信送到我家来的。可是哥哥的信越来越少，因为他病了，没有力气写信。盼着盼着，谁知最后盼到的竟是哥哥不幸去世的噩耗。我们母女和阿荣伯都哭得肝肠寸断。

死别生离，使妈妈一下子老了，我也一下子长大了。我深深体会到人心的多变，世事的无常。我只有默默陪伴忧伤的母亲，在佛堂里顶礼膜拜。看母亲两鬓苍苍，真担心她如何承受丧子之痛。

往事悠悠，回想我们兄妹会少离多，再也没想到那一回和哥哥同坐火车，是第一次，竟也是唯一的一次呢？

别针风波

○
○
○

整理抽屉，捡出一枚精巧的胸针，摆在手心仔细欣赏，却想起了中学时代的一段有趣往事——那是整整六十年前的陈年旧事了。

那时我是初中三年级学生。每周五的周会，我们初三（一）班和高三（一）班并排儿排成两行，随着悠扬的钢琴声，慢慢进入礼堂。全班同学都昂起头，觉得自己好神气啊，因为马上就要毕业了。校内的毕业考试已经通过，全班甲等，全班都是高才生。把校长、教务长、训导主任乐得嘴都合不拢。各位老师也都对我们另眼看待。校长不再用一对圆圆的铜铃眼瞪我们，不再检查我们制服是不是穿整齐，头发是不是齐耳根。我心里好轻松，忍不住在口袋里摸出最心爱的一枚别针，别在胸前，得意扬扬地向前走去。慈爱的训导主任对别针望了一眼，笑了一下，点点头，近视的教务主任眯起眼睛看半天，伸手摸了摸，也点点头。校长没有站在旁边，她是要陪教育厅一位什么贵宾坐在讲台上的，我不用担心她看见。心中觉得自己好神气，比同学们高了一尺，因为我有一枚美丽的别针。

别针是母亲给我的。三颗圆圆的珍珠，摆成一个三角形，左右上角配两片椭圆的红宝石，变成一只蝴蝶。实在玲珑可爱。母亲平时是不许我戴的，只有在我生病发烧躺在床上时，才许我别在袖子上左看右看，带着满心欢喜入睡。这回是初中毕业的最后一次周会，我央求母亲让我在同学面前出出风头，她含笑同意了。

大家在礼堂里坐定以后，校长陪了教育厅那位贵宾进来，请他上台去演讲。他讲得口沫飞溅，我们都鸦雀无声，只听他满嘴的“妇扭、妇扭”，后来才知道他是说“妇女、妇女”。我们边笑边轻声学他说话，同学们又都伸过头来看我胸前的别针。不料校长忽然走下讲台，一直走到我这一排，指着我说：“把别针取下来，现在不许戴。”我战战兢兢取下别针，放回口袋里，

“

多少个夏天在幻想中远去，不再回来。而所有美丽的梦想，还留在我的心底，像满天的星星，像飞舞的萤灯，像落在夏天池塘里的翠绿的雨花……

“

世界虽无常，人心原多变但总要以乐观之心期待。若能自觉此心春长在，也就算会得那一点禅机了。

只好又做出很专注听讲的样子。

将散会时，却听见后排的同学菊芳对另一同学兰生说：“你看她今天戴了别针好神气，还不是挨了校长的骂，只好收起来。等一下我们趁她不备把别针偷来藏好，看她会急成什么样。”兰生没有作声；但她一定是同意合作了。我心里好气，因为兰生是我最信赖的同学，她居然也要和人联合捉弄我，那我就先捉弄她们一下。回到课室里，我就把别针包好放在座位下抽屉的一角。在英文课下课以后，我忽然大喊我的别针不见了。此时，兰生以为是菊芳已把它偷去藏起来，菊芳以为是兰生把它偷去藏起来，二人相视而笑，我心中暗暗得意，她俩上了我的当了。直到她们知道彼此都未对我下手时，兰生倒为我着急起来。猜想是否从礼堂回教室时，别针掉在楼梯上了。于是她就上下楼梯好几次为我仔细寻找都没有影子。我心中越发得意，却越发做出焦急的样子，兰生就越发为我担忧，深恐我回家受母亲责备，也为我心疼美丽的别针没有了。她再三对我说：“你回家千万不要说别针丢了，明天我们再在草地上找找看，也拜托工友在打扫礼堂时，在每张椅子下仔细看一下。”她这样细心体贴我，我心里万分不安起来，很想向她招认，别针是我自己藏起来吓唬她们的，但又一时不好意思开口承认。直到快放学时，我想从抽屉里取出别针，再向她们说别针找到了。我不能一直欺骗她们，回家后会一夜睡不安的。当我理好书包，在抽屉里仔细一摸，别针没有了，真的不见了。这下子我不禁大叫起来“我的别针真的没有了。”听得兰生目瞪口呆，奔过来问我：“你怎么现在又叫呢？别针不是在早上周会时就不见了吗？”这时我才边哭边一五一十对她说了真话。但现在自己藏别针的地方却被别人发现取走，这下怎么办呢？兰生虽然有点怪我不该骗她，害她一直为我担心，但别针真丢了她更为我担心。这时菊芳走过来笑嘻嘻地问：“什么事这么紧张，别针丢了吗？”我啼笑皆非，也不知如何对她说才好。我原是想捉弄她们，反而受到现世报，却又不愿向菊芳吐露真情与内心的恼恨，只呆若木鸡，一声不响。聪明的兰生却看出菊芳的表情有异，就问她：“你为什么笑？你看到没有？”菊芳从口袋里慢条斯理地摸出别针说：“别急啦，在这里。”我真是又高兴又生气，高兴的是别针无恙，生气的是菊芳怎么会从我抽屉里拿走别针，她终究还是捉弄了我。我输给她了。

我接过别针，紧紧捏在手心，咬牙切齿地说：“我戴我的别针，为什么要别人看了不顺眼？我又不是偷的。”菊芳笑容顿敛，也生气地说：“难道你以为我要偷你的别针吗？”

我好像受了无限委屈似的，抽抽噎噎地哭起来。兰生马上用双臂围抱住我，安慰我说："不要生气了，大家都是要好的同学，都没有坏心眼儿的，只是开个玩笑罢了。"

望着兰生大姊姊般友爱的神情，我内心又忏悔、又惭愧，也忍下了想对菊芳再说报复的话。

我把别针带回家中，还给母亲，乌烟瘴气地说："妈妈，我再也不要戴这枚别针了。"母亲笑嘻嘻地问："怎么啦？是老师不许你戴吗？本来嘛，穿制服怎么能戴珠光宝气的别针呢？"母亲越说我越伤心，禁不住又流下泪来。也忍不住把这段偷别针的玩笑事仔仔细细对母亲说了一遍，她边听边笑，把我紧紧搂在怀中，拍着我说："不要哭了，同学像亲姊妹，越吵越亲嘛！"

如今我抚摸着这枚别针，两位同学顽皮的神情，母亲慈爱的容颜，都浮现心头。年光却已逝去整整六十年，一个甲子。

与兰生在美重逢，欢聚中曾和她谈起这段往事，她只是笑，却已恍恍惚惚不记得了。三年前，她竟以心脏衰竭突然逝世。故旧凋零，当年同窗也都风流云散，少女时代点点滴滴的往事，就让它尘封在记忆的一角吧！

青灯有味似儿时

○
○
○

相信人人都爱念陆放翁的两句诗：“白发无情侵老境，青灯有味似儿时。”尤其我现在客居海外，想起大陆的两个故乡，和安居了将近四十年的第三个故乡台北，都离得我那么遥远。一灯夜读之时，格外的缅怀旧事。尤不禁引发我“青灯有味”的情意，而想起儿童时代两位难忘的人物。

白姑娘

我家乡的小镇上，有一座小小的耶稣堂，一座小小的天主堂。由乡人自由地去做礼拜或望弥撒，母亲是虔诚的佛教徒，当然两处都不去。但对于天主堂的白姑娘，却有一份好感。因为她会讲一口地道的家乡土话，每回来都和母亲有说有笑，一边帮母亲剥豆子，理青菜，一边用家乡土音教母亲说英语："口"就是"牛""糖糕"就是"狗""拾得糖"就是"坐下"，母亲说："番人话也不难讲嘛。"

我一见她来，就说："妈妈，番女来了。"母亲总说："不要叫她番女，喊她白姑娘嘛。"原来白姑娘还是一声尊称呢。因她皮肤白，夏天披戴雪白一身道袍，真像仙女下凡呢。母亲问她是哪一国人，她说是英国人。问她为什么要出家当修女，又漂洋过海到这样的小地方来，她摸着念珠说："我在圣母面前许下心愿，要把一生奉献给她，为她传播广大无边的爱，世上没有一件事比这更重要了。"我听不大懂，母亲显得很敬佩的神情，因此逢年过节，母亲总是尽量地捐献食物或金钱，供天主堂购买衣被等救济贫寒的异乡人。母亲说："不管是什么教，做慈善好事总是对的。"

阿荣伯就只信佛，他把基督教与天主教统统叫作"猪肚教"，说中国人不信洋教。尽管白姑娘对他和和气气，他总不大理她，说她是代教会骗钱的，总是叫她番女番女的，不肯喊她一声白姑娘。

但有一回，阿荣伯病了，无缘无故的发烧不退，郎中的草药服了一点没有用，茶饭都不想很多天，人愈来愈瘦。母亲没了主意，告诉白姑娘，白姑娘先给他服了几包药粉，然后去城里请来一位天主教医院的医生，给他打针吃药，病很快就好了。顽固的阿荣伯，这才说："番人真有一手，我这场病好了，就像脱掉一件破棉袄一般，好舒服。"以后他对白姑娘就客气多了。

白姑娘在我们镇上好几年，几乎家家对她都很熟。她并不勉强拉人去教堂，只耐心又和蔼地挨家拜访，还时常分给大家一点外国货的炼乳、糖果、饼干等等，所以孩子们个个喜欢她。她常教我们许多游戏，有几样魔术，我至今还记得。那就是用手帕折的小老鼠会蹦跳；折断的火柴一晃眼又变成完整的；左手心握紧铜钱，会跑到右手心来。如今每回做这些魔术哄小孩子时，就会想起白姑娘的美丽笑容，和母亲全神贯注对她欣赏的快乐神情。

尽管我们一家都不信天主教，但白姑娘的友善亲切，却给了我们母女不少快乐。但是有一天，她流着眼泪告诉我们，她要回国了，以后会有另一位白姑娘再来，但不会讲跟她一样好的家乡土话，我们心里好难过。

母亲送了她一条亲手绣的桌巾，我送她一个自己缝的土娃娃。她说她会永远怀念我们的。临行的前几天，母亲请她来家里吃一顿丰富的晚餐，她摸出一条珠链，挂在我颈上，说："你妈妈拜佛时用念珠念佛。我们也用念珠念经。这条念珠送你，愿天主保佑你平安。"我的眼泪流下来了。她说："不要哭，在我们心里，并没有分离。这里就是我的家乡了。有一天，我会再回来的。"

我哭得说不出话来。她悄悄地说："我好喜欢你。记住，要做一个好孩子，孝顺父母亲。"我忽然捏住她手问她："白姑娘，你的父母亲呢？"她笑了一下说："我从小是孤儿，没有父母亲。但我承受了更多的爱，仰望圣母，我要回报这份爱，我有着满心的感激。"

这是她第一次对我讲这么深奥严肃的话，却使我非常感动，也牢牢记得。因此使我长大以后，对天主教的修女，总有一份好感。

连阿荣伯这个反对"猪肚教"的人，白姑娘的离开，也使他泪眼汪汪的，他对她说："白姑娘，你这一走，我们今生恐怕不会再见面了，不过我相信，你的天国，同我们菩萨的天堂是一样的。我们会再碰面的。"

固执的阿荣伯会说这样的话，白姑娘听了好高兴。她用很亲昵的声音喊了他一声：“阿荣伯，天主保佑你，菩萨也保佑你。”

我们陪白姑娘到船埠头，目送她跨上船，一身道袍，飘飘然地去远了。

以后，我没有再见到这位白姑娘，但直到现在，只要跟小朋友们表演那几套魔术时，总要说一声：“是白姑娘教我的。”

白姑娘教我的，不只是有趣的游戏，而是她临别时的几句话：“要做个好孩子，好好孝顺父母……我要回报这份爱，我有着满心的感激。”

岩亲爷

我家乡土话称干爹为“亲爷”，干儿子为“亲儿”。那意思是“跟亲生父子一样的亲，不是干的”。这番深厚的情意，至今使我念念不忘故乡那位慈眉善目，却不言不语的岩亲爷。

岩亲爷当然不姓岩，因为没有这么一个姓。但也不是正楷字“严”字的象形或谐音姓严。有趣的是岩亲爷并不是一个人，而是一位神仙。

这位神仙不姓严，却姓吕，就是八仙里的吕洞宾。

吕洞宾怎么会跑到我家乡的小镇住下来，做孩子们的亲爷？那就没哪个知道了。我问母亲，母亲说：“神仙嘛，有好多个化身，飘到哪里，就住到哪里呀。”问阿荣伯，阿荣伯说：“我们瞿溪风水好呀，给神仙看中了。”问到外公，外公说：“瞿溪不只风景好，瞿溪的男孩子聪明肯读书，吕洞宾伯伯读书人，就收肯读书的男孩子做亲儿。亲儿越收越多，就索性住下来了，因此地方上给他盖了个庙。”

这座庙是奇奇怪怪的，没有门，也没有围墙。却是依山傍水，建筑在一块临空伸出的岩石上，就着岩石，刻了一尊道袍方巾，像戏台上诸葛亮打扮的神像，那就是吕洞宾。神龛的后壁，全是山岩，神龛前面是一块平坦的岩石，算是正殿。岩石伸向半空，离地面约有三丈多高。下面有一个潭，潭水只十余尺深，却是清澈见底。因为岩上的涓涓细流，都滴入潭中，所以潭水在秋冬时也不会枯涸。村子里讲究点的大户人家，都到这里来挑一担潭水，供煮饭泡茶之用。神仙赐的水是补的，孩子喝了会长生，会聪明。

庙是居高临下的，前面就是那条主流瞿溪。溪水清而浅。干旱的日子，都露出潭底的沙石来，溪上有十几块大石头稀稀疏疏搭成的“桥”，乡下人称之为“丁步”，走过丁步，就到热闹的市中心瞿溪街，岩亲爷闹中取静，坐在正殿里，就可一目了然地观赏街上熙来攘往的行人，与在丁步上跳来跳去的小孩。这里实在是个风景很奇怪的地方，若是现在，可算得是个名胜观光区呢。

庙其实非常的小，至多不过三四十坪①。里面没有和尚，也没有掌管求签问卜的庙祝，因此庙里香火并不旺盛，平时很少人来，倒成了我们小孩子玩乐的好地方。我常常对母亲说：“妈，我要去岩亲爷玩儿啦。”“岩亲爷”变成了一个地方的名称了。母亲总是吩咐：“小姑娘不许爬得太高，只在殿里玩玩就好了。”但玩久不回来，母亲又担心我会掉到殿下面的潭里去，就叫阿荣伯来找我。我和小朋友们一见阿荣伯来了，就都往殿后两边的石级门上爬，越爬越高，一点也不听母亲的话，竟然爬到岩亲爷头顶那块岩石上去了。阿荣伯好生气，把我们统统赶下来，说吕洞宾伯伯会生气，会把我们都变成笨丫头。

我们心里想想才生气呢！因为吕洞宾伯伯只收男生当亲儿，不收女生当亲女，这是不公平的。其实这种不公平，明明是村子里人自己搞出来的。凡是哪家生的第一个宝贝男孩子都要拜

① 一坪约等于3.3平方米。

神仙做亲爷。备了香烛，去庙里礼拜许愿。用红纸条写上新生孩子的乳名，上面加个岩字，贴在正殿边的岩壁上。神仙就收了他做亲儿，保佑他长命富贵。大人们叫自己的孩子，都加个岩字，岩长生、岩文源、岩振雄……听起来，有的文雅、有的威武，好不令人羡慕。

有一回，我们几个女孩子也偷偷把自己的名字上面加个岩字，写了红纸条贴在岩石上，第二天都掉了。阿荣伯笑我们女孩子没有资格，吕洞宾伯伯不收。其实是我们用的糨糊不牢，是用饭粒代替的，一干自然就掉了。

我认为自己也是“读书人”，背了不少课古文，怎么没资格拜亲爷，气不过，就在神像前诚心诚意地拜了三拜，暗暗许下心愿说：“有一天我一定要跟男孩子一般地争气，做一番事业，回到家乡，给你老人家修个大庙。你可得收全村的女孩子做亲女儿哟!”

慈眉善目的神仙伯伯，只是笑眯眯不说一句话。但我相信他一定听见我的祝告，一定会成全我的愿望的。

我把求神仙的事告诉外公，外公摸摸我的头说：“要想做什么事，成什么事业，都在你自己这个脑袋里。你也不用怨男女不平等。你心里敬爱岩亲爷，他就是你的亲爷了。”因此我也觉得自己是岩亲爷的女儿了。

离开故乡，到杭州念中学以后，就把这位“亲爷”给忘了。大一时，因避日寇再回故乡，才想起去岩亲爷庙巡礼一番。仰望岩亲爷石像，虽然灰土土的，却一样是满脸的慈祥，俯看潭水清澈依旧，而原来热闹街角那一份冷冷清清，顿然使我感到无限的孤单寂寞。

那时，慈爱的外公早已逝世，母亲忧郁多病，阿荣伯也已老迈龙钟。旧时游伴，有的已出嫁，有的见了我都显得很生疏的样子。我踽踽凉凉地一个人在庙的周围绕了一圈，想起童年时在神前的祝告，我不由得又在心里祈祷起来：“愿世界不再有战乱残杀，愿人人安居乐业，愿人间风调雨顺。”

阿荣伯坐在殿口岩上等我，我扶着他一同踩着溪滩上的丁步回家，儿时在此跳跃的情景都在眼前。阿荣伯说：“你如今读了洋学堂，哪里还会相信岩亲爷保佑我们。”我连忙说：“我相信啊，外公说过的，只要心里敬爱仙师，他就永远是你的亲爷，我以后永不会忘记的。”阿荣伯叹口气说：“你不会忘记岩亲爷，不会忘记家乡，能常常回来就好。人会老，神仙是不会老的，他会保佑你的。”

我听着听着，眼中满是泪水。

再一次离家以后，我就时常想起岩亲爷，想起那座小小的、冷冷清清的庙宇，尤其是在颠沛流离的岁月里。我不是祈求岩亲爷对我的佑护，而是岩亲爷庙里，曾有我欢乐童年的踪影。“岩亲爷”这个亲昵的称呼，是我小时候常常喊的，也是外公、母亲和阿荣伯经常挂在嘴上念的。我到老也不会忘记那位慈眉善目，不言不语，却纵容我爬到他头顶岩石上去的岩亲爷。

童　趣

○
○
○

玲玲打开冰箱，看见一瓶橘子水，就伸手去拿。妈妈说："你不能喝，那是专给奶奶老人家喝的。"玲玲说："哦，那我不喝，我不要老。"

玲玲的门牙掉了一颗，她用舌头粘着缺口，望着天空说："天上那颗最亮的星星，就是我的牙齿。妈妈昨天把我的牙齿放在枕头边，她说天使就来拿去镶在天上了。"

妈妈生了小弟弟，全副心思在照顾小弟弟，还老是叫她走开点，别打翻奶瓶，玲玲生气地对弟弟说："你快回去。"妈妈问："叫他回哪儿去呀？"玲玲说："回医院去。"

玲玲对妈妈抱怨地说："隔壁王妈妈的小弟弟叫我姐姐，你现在生了小弟弟又要叫我姐姐，你为什么不再生个姐姐，叫我妹妹呢？我好想做妹妹啊！"

玲玲在哭，镜子里的小女孩子也在哭。玲玲抹着眼泪对她说："你别哭，出来跟我一起玩吧。"

吾儿幼年时，我摸摸他的头问："宝宝，头发是做什么用的？"他很快地回答："头发是理发用的。"他爸爸带着他散步，他仰头对爸爸说："爸爸，我们手牵手，脚碰脚，一同散步，我们父子真是手足情深呢。"有一天，他躺在我怀里，摸摸我的脸说："妈妈，你现在不要老。等我长大了，爸爸、妈妈和我三个人一起老。"

附注：流光飞逝，当时说傻话的儿子，如今已届不惑之年。我笑问他记不记得小时候说的话。他说："当然记得呀！我看妈妈一谈起我小时候的事儿，笑得那么开心，我就觉得爸爸、妈妈不会老。我一到你们身边，就立刻觉得自己回到童年了，所以我们都不会老。"

菜篮挑水

○
○
○

我家乡有句俗话说："这桩事若是做得成功，菜篮都可以挑水了。"是比喻徒劳无功的意思。

最记得母亲当年常自言自语："我就是拿菜篮挑水的人，都挑一辈子啰！"外公就说："菜篮也好，水桶也好，你就只顾挑吧。水溅了，水漏了，都没你的事。"

我那时小小年纪，不懂得他们在说些什么。现在想想，母亲的执着和幽默的自我调侃，外公的不计功利和无可如何而安之若命的人生哲理，实在令人叹息。

我很惭愧没有读过禅经，倒是觉得外公和母亲的话像是禅语。想起《红楼梦》里宝玉与黛玉打哑谜，一个说："任凭弱水三千，我只取一瓢饮。"一个说："瓢之漂水奈何？"一个又说："非瓢之漂水，水自流，瓢自漂耳。"若是母亲会看《红楼梦》，也套一句说："非篮之漏水，水自流，篮自挑耳。"岂不也很"禅"呢？

还记得塾师给我讲过一个故事。一个和尚（不记得他的法名了）在冬天里捧了一堆堆的积雪去封井口，雪边捧边化，如何能封得住井口呢？路人站着看，都笑和尚痴呆，和尚却只顾捧着雪往井口送。

讲完故事，老师问我，究竟是路人傻，还是和尚傻。我想了下说："和尚不傻，路人才傻呢。和尚明知雪不能封井，一定是有一番道理的。"老师点点头说："你说得很好。积雪不能封井，是三尺童子都知道的。和尚之所以这样做，可有两种启示：其一是究竟是雪是泥土，在和尚心中已没有什么分别，他只专心做封井口这件事。其二是，雪水是清明的，雪水滴入井中，使井水也更加清明起来。至于佛家的深意，那就不是你现在所能懂的了。"

我忽有所悟地说："雪封井口，跟妈妈许多年来说的菜篮挑水，不是差不多的道理吗？至于雪水与井水，究竟哪个清，那就很难说了。世人有分别心，总觉山泉比河水清，雪水比井水清，若自家心中有一道清流在，又何必计较是哪一种水清呢?”

老师颔首微笑。我这套半通不通的参悟，好像很有慧根的样子，其实都是从我最敬佩的一位鸦片叔叔那儿听来、学来的。叔叔常偷叔祖父的大烟抽，所以我喊他鸦片叔叔，他聪明绝顶，说任何事，不是逗你笑弯腰，就是逗你伤心得想哭。

他有次叹口气对我母亲说：“大嫂呀，你拿菜篮挑水，还把肩膀挑肿了。”母亲只笑笑说：“挑肿了，抹点薄荷油就消了。”鸦片叔叔又对我说：“你该是你妈的薄荷油吧。”

现在回想起来，我真能成为母亲的薄荷油吗?真能为她消去肩头的肿吗?再想想，我们一家人，父亲、母亲，早逝的哥哥，我，还有那位美艳如花的二妈，究竟谁是菜篮，谁是水呢?

往事如烟，不免百感交集，乃口占一绝，以追念虔诚奉佛，一生辛劳又容忍的母亲：

一炷炉香带泪焚，菜篮挑水也千斤。但能悟得禅经了，清水菜篮两不分。

蟹酱字

○
○
○

一提笔写字，就会想起童年时老师那张结冰的脸。当我打着哆嗦把描好的大字双手递上去时，他的拳头在桌上一捶说：“看你的蟹酱字，重写。”

我眼泪一颗颗掉下来，掉在黄标纸上，把蟹酱字都浸湿了，浸化开来了。

老师为什么嫌我的字是蟹酱字呢？这就得怪母亲。母亲自己不写字，也认不得多少字，但来得会形容，竟拿蟹酱来形容我的字。

蟹酱是故乡的一种海鲜名产，把螃蟹敲成碎碎的酱，用生姜、盐、酒、胡椒等在瓶子里泡浸一个月，打开瓶盖，香中带腥，腥中带臭，再加点醋，那股鲜味，马上叫你胃口大开，饭吃三碗。

我最最喜欢吃蟹酱，总是喊：“妈，我要蟹酱，蟹酱‘配饭配走险’（下饭得很）。”母亲就会边笑边说：“配走险、配走险，吃多了蟹酱，你的字也会像蟹酱那样难看险（难看得很）。”我一想到习字就懊恼，管它难看险不难看险呢，反正蟹酱是天下最最好吃的东西了。

母亲对我说了还不算，又去告诉老师。有一天，她端两盘刚蒸好的红豆糕来书房里，一盘供佛，一盘给老师当点心。我正好抄完作文，扬扬得意地把它放在老师桌上。母亲眯起近视眼看了半天说：“这是什么字呀？像蟹酱一样，分也分不清楚。”老师大笑说：“一点不错，真像蟹酱，她就是这样不好好写字，作文倒作得满好的。”母亲又加了一句：“我说呢，是蟹酱吃多了嘛。”说完，她就一摇一摆地走了。

老师非常夸赞母亲会形容。他说：“螃蟹的样子是一个大壳，两只大钳、八只脚，四面八方撑开，到处无规则地横爬，已经够难看了。所以说‘瞎子写字眼，像只八脚蟹’。活的蟹已够难看，剁成了酱还成个什么体？”他愈说我愈生气，只好回到厨房跟母亲发脾气。“都是你，笑我的字难看，老师愈加要我重写了。”母亲慢条斯理地说：“重写就重写嘛，我是不会写字，我若会写字，一定练出一手龙凤字。”那是一位天才小叔夸自己的字“龙飞凤舞”，母亲又听进去了。她最最喜欢“龙凤”两字，成双作对的多好。

从那以后，老师就把“蟹酱字”挂在嘴上。高兴的时候，笑嘻嘻地叫我下回用心点写。不高兴的时候，就把桌子一拍，说：“看你的蟹酱字，重写。”

我却只记得他生气时候那张冰冻的脸，因此一到习字，就四肢乏力，背都直不起来，写出来的永远是蟹酱字，也因此恨透了习字。直到如今，写的永远是一手蟹酱字。

当年明明记得老师劝谕我的话：“书信是在长辈或朋友之前出现的千里面目，而字又是书信的面目，一个人，外表衣冠不整，纵然有满肚才学，也是不行的。”他还指点我临帖、看帖。《三希堂》《淳化阁》等都一一摸过，可是生有钝根的我，就是一点帖意也感染不上。不像大我几岁的小叔，看什么碑帖都能融会贯通，能写出一手古意盎然的好字来。他如生于今日的环境中，真将是一位出名的书法家。可惜他自叹“因无骨相饥寒定，只合生涯冷淡休”，早早地就过世了。

我长大以后，也曾自怨字写得太丑。小叔反倒安慰我说："不要紧，古来大文豪字写得好的也不多，唐宋八大家之一的王安石，据说他的字像斜风细雨，很难看的。"他又笑笑说，"你妈妈封你是蟹酱字，将来你若学会写文章，配上蟹酱字，倒也别有一格呢。"

进大学后，受业于恩师夏承焘门下。他一看我的习作诗词，总是微微颔首以后再连连摇头，我知道他对我是责望多于赞美，尤其是一笔字使我汗流浃背，不敢仰视。后来渐觉老师和蔼可亲，就将母亲和老师形容我的蟹酱字的故事讲给他讲，他拊掌大笑说："蟹酱字也好，只要能写出个体来，但总得下功夫练呀！字无百日工，你每天清早起来先练字，持续一个月便见进境。"

我听他话开始练字，临的是夏老师写他自己的诗词。因为我对临帖已视为畏途，总觉古人邈不可接，学自己所敬佩老师的字，至少有一份亲切感。那时我住在学校简陋的宿舍里，每天一清早被臭虫咬醒，爬起来捉完臭虫就磨墨习字。灯光既暗，浑身被臭虫咬过之处又奇痒，岂能专心习字！练了多少天，看看仍旧是一片蟹酱字。想此事有关天分，非勉强学得来的，就灰心放弃了。老师知孺子不可教，也就没再勉强我。

有一次我去拜谒老师，他不在家，我在桌上留了张条子，次日他给我来信夸我“书法进步，几出吴君上”，使我大为吃惊。因为他所指的吴君是一位才女，书法是人人夸赞的。我何能出她之上？这明明是恩师溢美鼓励的苦心，于是我又着实奋发地练了一阵子，可是五分钟热度过去又懒了下来。忽然记起行箧中带有一位父执为先父抄的全本《心经》《金刚经》，写的是黄道周体的小楷，我十分喜欢，就用心从头抄了一遍。捧给恩师看，他点头微笑说：“蟹酱中有点味道了。”

毕业后离开恩师，避居深山中，恩师每回辗转寄来的信，总谆谆勉我：“读书习字，不可一日间断。”而疏懒的我，未能努力以符恩师之期许，马齿徒增，悔之无及。

如今面对自己的蟹酱字，就会在心头浮上三张不同的面貌——慈母叫我把蟹酱字练成龙凤字的笑眯眯神情，家庭教师拍着桌子说“重写”时那一脸的冰霜，和瞿禅恩师温而厉的颔首或摇头。还有就是那位天才小叔劝勉我的话：“将来你如果学会写文章，配上蟹酱字，倒也别有一格。”

看来，我只有努力在写文章上求进步，无妨保留我的蟹酱字，也算“别有一格”吧。

大红包

〇
〇
〇

过新年时，长辈给孩子们的压岁钱是大红包。而在我家乡，小孩子代长辈挨家拜年手拎的礼物，也叫大红包。包的纸又粗又硬，包得有棱有角，外加一层红纸，正面贴上店号名称，用红麻绳扎好。从包的外形、轻重、大小，就可猜得出里面是什么东西，不外红枣、桂圆、莲子、白糖、寸金糖等等，全是小孩子听了垂涎三尺的美味。

过年时，母亲就让老长工阿荣伯去街上两间最大的南货店买来两大箩大红包，一字儿排在厢房的长条桌上，等过了正月初二，让我去长辈和邻家拜年当“伴手”（礼物）。我站在桌边，踮起脚尖，把下巴搁在桌面上，一个个认红包上的字眼，猜包里的东西。“王泰生”“胡昌记”的店名是我早已熟悉的，费心思猜的是里面包的东西。阿荣伯说这两家南货店货色都好，分量又足。其实刚买回来时分量是足的，摆上几天就靠不住了。因为我和大我三岁的小叔会趁大人看不见时，用手指从边上伸进去，挖出桂圆红枣来吃。挖得太多了，小叔就塞些小石子进去。阿荣伯捧起包来摇摇，一样的“咚咚咚”响，就笑嘻嘻地拎着包，牵着我去拜年了。

到长辈家拜年都有压岁钱，我好开心。到邻居家就只给两个煮熟的蛋，连声说：“元宝、元宝。”我不爱吃蛋，就丢在篮子里提着滚来滚去，催阿荣伯快走。他却总要坐下来慢条斯理地喝一杯橄榄茶，把橄榄塞在青布围裙口袋里，再抽一筒旱烟。我等得不耐烦，就只好捂着两只耳朵，看小朋友们放鞭炮。

一圈兜回来，我口袋里已装满压岁钱。篮子里也装满了元宝蛋。我抱怨他们为什么不把大红包打开，给我吃红枣桂圆。阿荣伯笑笑说：“你要吃石头子儿呀？”原来他已知道我和小叔的戏法，我缩了下脖子，真感谢他没把我们的恶作剧告诉母亲。

其实每家收到大红包都不打开，只把东边家送来的转到西边家，西边家的转到东边家，转来转去，有时会转回原来的一家。小叔和我就曾在大红包上用铅笔偷偷做过记号，认得出哪一个是我们家送出去的。告诉母亲，母亲高兴地说："元宝回来啰！"

如此转完了五天，到初六才打开，分给孩子们吃。小石子也不知是哪一家塞进去的了。大家都说我们潘宅的大红包最扎实，红枣桂圆没有一颗是烂的。我想如果我们不偷吃的话，一定是真正扎实的潘宅大红包，因此心里有点不安。小叔说："你用不着不安。过年嘛，没有一家的孩子不挖大红包里的东西吃的。大人们送来送去，只是礼数，也相互讨个吉利，谁去数里面有几粒红枣几粒桂圆呢！"听他这么一说，我也就安心了。

拎着大红包挨家拜年拿压岁钱的日子已非常非常的遥远了。如今面对百货公司陈列出五光十色的新年礼品，我却愈加怀念儿时捧在手里，摇起来"咚咚咚"响的大红包。

猫 债

○
○
○

小时候在家乡，每天只要读完书被老师放出来，就到厨房的灶下柴堆里抱起小猫，唱着歌儿，东走西走。有一次，走近有洁癖的五叔婆身边，她就大喊：“走开走开，你跟小猫一样，身上的跳蚤有一担。”我马上觉得浑身奇痒起来，放下小猫，缠着母亲给我捉跳蚤。忙做饭炒菜的母亲哪有时间呢？努努嘴说：“到廊前太阳底下晒晒暖的外公那儿去，他会给你捉。”我说：“外公老了，手指头不灵活，捉不到跳蚤。”就这么缠着的时候，一不小心，碰倒了一张条凳，那沉重的木板恰巧切在地上爬行的小猫脖子上，它立刻惨叫起来，痛苦地蹦弹起一尺多高，蹦弹了好几下，眼看它倒在地上，气绝而死。我惊骇得大哭起来。五叔婆说：“一条猫九条命，这下子看你怎么还得了这笔债。”我心里既害怕，又伤心，看看五叔婆脸上那副表情，不知怎的越来越生气，忽然直起脖子，冲着她喊：“你这个老太婆，我好讨厌你，你走，不要你在我家。”

啪的一下，母亲的一记手掌，重重地掴在我的嘴巴上，命令道：“给我跪下。”我一时吓呆了。因为母亲从不打我的，尤其从没叫我跪过。她为了我触犯五叔婆，这样惩罚我，我满心的愤怒与委屈，就不顾一切地奔出厨房，正看见了外公慢慢走过来，就一头钻进他怀里，昏天黑地大哭起来。外公轻轻拍着我，等我哭够了，在我身边小声地说：“去向五叔婆赔个不是，你太没有规矩了，所以惹妈妈生气。五叔婆比你妈妈还长一辈，跟外公同辈的呀。”

我只好抹着眼泪，怯怯地走回厨房，看见母亲沉着脸。五叔婆坐在凳子上咒骂自己不孝的儿女害她受气，怨自己命苦。情势这样严重，我真是好害怕。想想小猫被我压死了，五叔婆不喜欢我，妈妈又狠狠地打了我一巴掌，连外公都说我错了。我这样做人还有什么意思？真恨不得掉头就跑，跑到后山边尼姑庵里躲起来，躲上几天几夜，看他们急也不急！但是又想起妈妈为我蒸的中段黄鱼，还香喷喷地焖在饭锅里。本来说好我吃黄鱼肉，卤汁拌粥给小猫吃的。现在小猫死了，我肚子仍然很饿，一个人跑到尼姑庵里，尼姑会给我饭吃吗？没有大人一起去，尼姑是不大会理我的。左思右想，还是待在家里好。只好像爬虫似的拖着双脚到五叔婆面前，抽抽咽咽地说："五叔婆，别生气，我下回不敢了。妈妈已经打了我，我会永远永远记得的。"说着说着，又忍不住眼泪扑簌簌掉下来，五叔婆大声地说："我是好心，总劝你不要玩猫。畜生是前世作的孽，投胎做一世苦命的猫，也算还了孽债。你把它弄死了，害它还要再转一世猫，你就欠它的债了。"听得我打起哆嗦来。母亲连忙把我拉过去，用热毛巾擦了我的脸，温和地说："我已经念了经，把小猫埋了，你放心吧。现在跟外公去谷仓门前晒太阳，吃晚饭时会叫你。"

我和外公靠在谷仓边的稻草墙坐着，后门开在那里，深秋的寒风从门外阵阵地吹进来，院子里枯黄的树叶在地上沙沙地卷来卷去。太阳偏西了，蛋黄色的光照着外公满是白胡须的苍老容颜。我忽然觉得这个世界好荒凉、好冷清。外公老了，我还这么小，我把双手伸进外公旧棉袄的大口袋里，嗫嚅地问："外公，小猫是我压死的，五叔婆说一条猫有九条命，我真的会欠它债吗?”外公说:“你不是存心杀它。小猫不会恨你的。妈妈已经念了《往生咒》,菩萨会超度它的。”我又迫切地问:“它还会投胎做猫吗?”外公笑笑说:“我想不会了,它这么小就死了,早早了结孽债,倒也好了。”我还是很害怕地问:“那么我会不会有孽债呢?”外公把我搂得紧紧地说:“你放心,只要你端端正正做人,心肠好,什么孽债都会消除的,往后不要再想小猫的事了。”

太阳已经下山,外公牵着我的小手,走回厨房。母亲已经把热气腾腾的饭菜摆在桌子上,中段黄鱼仍然放在我的面前,外公面前是鸡蛋蒸肉饼。这样好的菜,我肚子也好饿,可是在吃黄鱼卤汁拌饭的时候,我又不禁想起可怜的小猫来。我在心里默默地祝祷着:“小猫,你知道我是爱你的,原谅我的粗心大意吧。从今以后,我一定要好好看顾所有的猫,因为做一世猫很苦。这里面也许有你再投胎的呢,我一定要好好待你啊!”

我跪在长凳上喃喃地自语着,外公和母亲慈祥地看着我。这副情景,时时出现眼前。

童年时对猫许下了这样的愿心,可是长大后由于生活环境的不时变动,一直无法养猫。到台湾很多年以后,才开始养猫,可是竟没有一只猫得享天年。如今一件件追忆起来，心中好难过，难道我真得欠猫一辈子的债吗？

——1983 年岁暮于新泽西州

妈妈，让鸽子回家

○
○
○

我儿子今年二十七岁，严格说起来，已是将近“而立”之年了。他是否“而立”，我这个做母亲的也担忧不了这么多了。只是他现在离家这么远，尽管我自己对自己说“各人头顶一片天，不要牵肠挂肚啊”，可是，我能吗？

他小时候，我总是对他说：“孩子，快快长大吧！”

他渐渐长大了，我却又对他说：“孩子，你慢慢长啊！”这种心情，恐怕天下母亲，都是一样的吧？

如今，只要一有空，我就会回想起他幼年时一件件有趣的事，顽皮捣蛋的事。想起来就会有时莞尔而笑，有时泪水盈眶。

这种情形，相信天下母亲，也都是一样的吧?

我现在就记起一件事儿来了：有一次，看到报上一段关于赛鸽的报导，说有的鸽子在比赛途中，遇到气候突变，一时迷失了方向，不能按预期时间飞回来，就会被狠心的居民用枪打下来，充当了菜肴。这种情形，实在是非常悲惨的。相信鸽主心痛的并不是名鸽的金钱价值，而是那一份相依相守的情义。

孩子看了以后，半晌呆呆地没有作声，我问他在想什么，他说："我若是那只迷路的鸽子，心里会多难过啊？第一，荣誉没有了。第二，家没有了。"他那一脸严肃的神情，令人好心惊。不一会，他又说："妈妈，你写一篇鸽子回家的故事吧，写它经过好多的风险，但终于平安回家了。妈妈，一定要让鸽子回家啊！"

这回，他是一脸憨厚关切的神情，令人感动。我说："好的，我试试看。可惜我对鸽子知道得太少，一定写不好，除非是养鸽子的，才有经验心得呀！"

稚气的他，忽然说："那我们就养鸽子吧，你不是说鸽子的性情最温和，是代表和平的吗?"

于是他就决定要养鸽子，我拗不过他，就在一个学生那儿讨来一对鸽子，又为它们买来笼子，养在阳台上。孩子好高兴，全心地照顾它们，看他变得负责又勤劳，我心中暗喜。可是鸽子长大了，生了蛋，孵了小鸽，繁殖得越来越多，公家房子不相宜，邻居们提出了抗议。孩子也进初中住校，无法照顾了，一笼鸽子不得不又送回给那个学生。孩子星期天回来，茫茫然如有所失。他问我："妈妈，鸽子会不会飞回来呢?"我说："我想不会了，因为它们的旧主人懂得怎样照顾它们，它们会过得更快乐。"他又想起那只迷途的赛鸽来了，问我："妈妈，你写了鸽子的故事没有?"我惆怅地摇摇头，他热切地说："写嘛，妈妈，写一只鸽子，迷失了方向，经过重重困难，终于找回家了。妈妈，你写嘛。"

孩子的好心肠令人感动，但我没有写，到今天我仍然没有写。真的写不出来。因为，孩子已经长大，去了远方，他也没有回家啊。

不知他是不是还关怀那只迷途的鸽子，还记不记得曾经要我写一篇让鸽子回家的故事呢?

——1983 年母亲节前夕

猪年感怀

○
○
○

今年是猪当令，开春以来，读了好多篇写猪的文章，都说猪既聪明，又爱清洁，尤其难得的是教子有方，绝不含糊，一点也不像世人把它看作既脏又懒的蠢物。总算还了猪一个公道。画家和摄影家们呢？也都纷纷地画猪、拍摄猪照片。一幅幅都是那么胖嘟嘟、傻乎乎，比猫狗还可爱，看得人只想拥抱它、亲吻它。

但，不管他们是如何充满爱心地去写猪、画猪、拍猪的玉照，到头来还是每天要“吃猪”。不是大块大块地吃，就是把它粉身碎骨地吃；一段段、一寸寸，分门别类地吃，从里吃到外，从头吃到尾。吃它的心肝、腰子、肺，吃它的耳朵、舌头、牙床肉。连皮都不能幸免，因为猪皮富于胶质，对老年人的骨骼硬化有利。猪若有知，在临刑之际，究竟是含笑以殁呢，还是饮恨以终呢？

猪没有猫狗那么幸运，人类饲养猪，就是为了要吃它的肉。还把它的性格描绘得那么恶劣，才显得最后给它那一刀，是它咎由自取，怨不得人类的狠心。

记得幼年时，老长工阿荣伯告诉我，猪和鸡鸭都是菩萨注定了给人吃的，所以杀了它们并不罪过。而且这些畜生都是由于前世作恶多端，才罚变作猪，受了这一刀之苦以后，孽障消除，反可转世为人了。家庭教师是有道行的虔诚佛教徒，他却说菩萨是绝对不许杀生的，连微小如蚂蚁的都不可伤害，何况有血有肉的猪呢？他讲了一个故事给我听：有一个屠夫，宰了一世的猪，到临终之时，却觉得自己罪孽深重，产生了恐惧之心。可是为时已晚，忏悔也来不及了。弥留之际，忽然耳边传来隔壁寺院中的诵经之声，他挣扎起身子，举起右手，向空中拜了三拜，呼一声阿弥陀佛，就断了气。这个屠夫入轮回转世，仍免不了变为猪。但这头猪有一个特征，就是右前腿是一只人类的手。一时传遍全村庄，都纷纷来看这头异相的猪。主人心里有点疙瘩，总觉得怪猪可能是不祥之兆。一位沿门托钵的老和尚看见了，却告诉他，带有人手的猪，乃是有一段因果的，劝他好好饲养这头猪，千万不要杀它。主人听了老和尚的劝告，就让这头怪猪享天年以终。老师做结论说：就由于屠夫临终时的一念之善，感应了慈悲的佛。他的罪孽虽不得不使他变为猪，却可免于杀戮之灾。

我听了这个故事，既感动，又害怕。却想起厨子刘胖剁肉丸时念的口诀："猪呀猪呀你莫怪，你是人间一道菜。人不吃来我不宰，你向吃的去讨债。"仿佛这一念，罪过都到吃的人身上去了。我站在灶边，贪婪地闻着红烧肉丸的阵阵香味，心里却有一份罪孽感。这种矛盾心情，对一个不满十岁的童子来说，也是很痛苦的呢！

其实那份罪孽感，也并不完全由于听了刘胖的口诀，主要的还是因为我与猪为伍的日子太多。从母亲谨慎小心地选购来一头胖小猪，放入猪栏开始，它就成了吴妈和我的好朋友。吴妈是母亲委托喂猪的人。母亲每事躬亲，唯有喂猪，却完全交给了吴妈，连猪栏都不肯去一下。她绝不是嫌脏，而是不忍心亲眼看小猪一天天长大，到年终却非得拣个日子把它宰掉祭祖不可。吴妈呢？虽然是帮着主人，一心一意把猪喂饱喂大，可是她每天拎着一桶煮得香香的饲料去喂它时，看小猪吃得那么起劲，她总是摸摸它的额头，拉拉它抖动的下垂大耳朵，无限怜惜的样子。小猪也会抬起头来，用眯缝眼信赖地看看她。

我每回都跟吴妈进去，站在旁边看它吃。吧嗒吧嗒的声音好响。吴妈常常叹着气说："猪就是吃相不好，才落得这般的苦命。"我心里就好替它委屈，也替所有的畜生委屈。人总是高高在上的样子，要养它就养它，要宰它就宰它。它是不是真的命苦，人又怎么知道呢？

小猪大约才两个月，全身的毛细细疏疏的，透着嫩白略带粉红色的皮肤，细细的小尾巴，卷成个小圈圈。跑起来非常地快。而且还会蹦跳呢。可惜只有它一头，太孤单了。我看它很寂寞的样子，只想蹲在栏边多陪陪它。它不时走到我身边来，用尖尖的嘴巴鼻子碰碰我。我喊它"呶呶"（这是我家乡小孩子呼唤猪的声音）。它好像听得懂。想起自己三岁以前都一直寄养在乳娘家，和我同年同月生的乳娘的女儿，一起趴在地上跟猪玩。两个人都只会叫"呶呶"，母亲说我四岁才会说话，四岁以前，见到谁都喊"呶呶"，大人们都说我笨得跟猪一样。现在看着这头活泼可爱的小猪，就格外有一份亲切感。但是想到它终究要被宰，心里也格外难过。我暗暗念着："猪呀，你慢慢长吧，长大了就要被宰了。”可是它还是长得好快，越长大也就越不活泼了，它就是这么无聊寂寞地活着，一天天长大，一天天等待死亡。想到这些，我心里好难过，就赶紧离开猪栏。

猪栏的隔壁就是牛栏。黄牛总是静静地站着，无视猪的存在。好多次我都想，是不是可以让它们住在一起，也许彼此都不会寂寞呢？可是吴妈说不行的。牛有牛性，猪有猪性，它们合不来。我每回去牵黄牛出来吃草的时候，总要先去看看猪。它长大了，老是在睡觉，我用竹枝轻轻拍拍它的背，它会抬起头来看看我，然后爬起来，向我走来。我伸手摸摸它的耳朵，它只呆呆地站着，也不知它喜不喜欢我。我对它不像对黄牛和猫狗，心里的那份感觉，不是爱，而是歉疚，是怜悯，一种无可奈何的怜悯。尤其是听老师讲了那个故事，又教我读过《孟子》的“见其生不忍见其死，闻其声不忍食其肉”那些句子以后。我只想多看看它，又只想躲开它，心里十分矛盾。我常常问母亲：“妈妈，我们能不能不杀猪呢？”母亲用叹息的声音说：“那就只有不养猪。”我说：“那就别养嘛。”母亲说：“过年怎么能没有猪呢？”

像我们那样的大家在乡下，过年宰猪是天经地义的事。等到宰猪的日子拣定以后，吴妈煮猪饲也变得无精打采了。她说：

“奇怪得很，拣定了宰猪的日子，猪就不想吃了。”猪不想吃，吴妈也吃不下饭了。喂了它一年，眼看它长得那么壮，她该为自己的成绩高兴呀。可是她真是舍不得它死啊。她总是对自己说：“明年我不喂猪了。”

可是第二年喂猪的差事还是她的。就这么喂大了杀，杀了再喂。杀猪的人明明不是吴妈，她却总觉得自己罪孽深重的样子。杀猪的前几天，她早晚都去佛堂念观世音菩萨超度它。我呢？老师教过我念《往生咒》，就在书房里跪在蒲团上念《往生咒》。母亲更不用说了，走进走出，嘴里一直喃喃地在念各种的经，显得很不安的样子。长工们却是磨刀霍霍，等待着大显身手。这时，只有顽皮的四叔，嗤笑我们都是“猫哭老鼠假慈悲”。他说：“戒杀与否，只在自己一念之间，不能戒杀，又何必假惺惺。”现在想想，他的话也真有道理。但那时的农村，就是摆脱不了这种习俗。好像不如此不足以表示对祖先的敬意，也不足以炫耀一个大家庭的气魄。

四叔只比我大四岁，却非常有才气。他写得一手漂亮的魏碑，又会画画。常常学丰子恺的漫画，画得惟妙惟肖。宰猪那天，他故意画一张漫画，把它贴在厨房门上。画的是一条滴血的猪腿，挂在屋檐下，一只小猪在廊下抬起头来望着它，边上写着一行字："那是我妈妈的腿。"看得我触目惊心。却不能不佩服他画得跟丰子恺的一模一样，只是稍稍变化一点而已。母亲盯着画看了半天，生气地把它撕下来，我看见她眼里却满含泪水。我也暗暗对自己说："我不要再吃肉了，我不要再吃肉了。"

宰猪都在破晓时分，那一夜，母亲、吴妈都不能入睡。我呢？心里既害怕，又有点说不出来的兴奋。看长工们在厨房里从晚饭后就进进出出地忙碌着，我觉得过年的序幕就要开始了。可是一想到猪栏里的猪，就不由一阵心酸。母亲一直催我早睡，我躺在床上，拉上厚被子蒙着头，双手食指塞住耳朵，倒也蒙眬地睡着了。可是在睡梦中，总似听到凄惨的尖叫声。第二天一大早起来，又忍不住跑到后院去看，我的朋友"啾啾"已被刮去黑毛，吹成又大又胖，像一只白象了，我的眼泪扑簌簌落下来。吴妈生气地把我拉回厨房，说我女孩子怎么可以去看？我只想放声大哭，可是过年过节的，怎么能哭呢？那些日子，我都不敢走进空空的猪栏边，连黄牛吃草都不愿意去牵了。

可是过不了多久，又是一头活泼蹦跳的小猪，放进猪栏，吴妈又不得不开始喂它，我又忍不住跟在她后面进进出出。如此年复一年地过去。

直到几十年后的今天，好像猪临刑时的哀号，犹自声声在耳。猪栏里小猪活泼蹦跳的神情，和它一天天吃肥后的恹恹睡态，也时时浮现眼前。想想猪难道真是万劫不复的“人间一道菜”吗？我如今已偌大年纪，能不能下个决心，不再吃这一道菜呢？

今年是猪年，为了纪念童年时与猪的一段友情，我要渐渐地戒除吃猪肉（牛羊肉早已不吃）。我说“渐渐地”是因为患有胃溃疡，医嘱必须多吃肉类。但我相信，一定可以用其他蛋白质的素食代替，渐渐戒除吃猪肉的。

到那时，再想起幼年时听厨子刘胖念的口诀，就不会怕猪来讨债而感到心里不安了吧？

——1983 年 4 月 4 日